한 권으로 끝내는
자동차 경매

한 권으로 끝내는
자동차 경매

김형무 지음

한국경제신문 i

한여름의 뜨거운 태양을 피할 수 있는
파라솔과 같은 자동차 경매

2015년 초 처음 책이 나오고 벌써 3년이란 시간이 흘렀습니다. 길지 않은 시간이라고도 할 수 있지만 3년 동안 많은 것이 바뀌었습니다. 아버지의 권유로 개명했고, 한없이 예쁘기만 했던 초등학생 딸아이는 어마무시한 중2병을 이겨내고 반년 후면 고등학생이 되며, 처음 책을 집필하던 시절 힘들어 포기하려고 할 때마다 항상 곁에서 응원해주던 담배가 궐련형 전자담배로 바뀌었습니다.

슬프게도 평생 함께하기로 약속했던 애마(본문 안에도 잠시 등장합니다)가 말도 많고 탈도 많은 독일 출신 백마가 되었고 더욱더 슬픈 것은 필자 나이의 앞자리가 3에서 4로 바뀌었다는 것입니다. '30대' 외벌이 가장을 대표하던 기운 넘치던 필자가, 이제는 비만 오면 온몸이 쑤시는 '40대' 외벌이 가장이 되었습니다.

바뀐 것은 그뿐만이 아닙니다. 자동차 경매 관련 법률과 절차들도 바뀌어 본 개정판으로 여러분들에게 다시금 인사를 올릴 수 있게 되었습니다.

하지만 바뀌지 않은 것들도 있습니다. 불확실한 부동산 시장과 그보다도 더 불확실한 월급쟁이 인생입니다. 2015년도 처음 책이 출간되고 경제적 자유를 얻었다는 망상에 다니던 직장을 호기롭게 퇴사했습니다. 하지만 헛된 망상은 잠시뿐, 몇 군데의 회사를 돌고 돌아 호기롭게 퇴사했던 직장에 쑥스럽게 재입사하며 내일이 불확실한 월급쟁이 인생을 지속하고 있습니다.

부동산 시장도 마찬가지입니다. 필자가 처음 자동차 경매에 입문하게 된 것도, 당시 불확실한 부동산 시장에서 장기이용으로 결제해둔 유료 경매사이트를 묵히기가 아깝기 때문이었습니다. 그런데 개정판이 나오는 오늘도 미국발 금리 인상, 대출규제 및 세금 강화 등 정부의 부동산 정책으로 부동산 시장의 전망이 그리 밝지 않습니다. 그래서 필자는 요즘도 장기이용으로 결제해둔 유료 경매사이트를 묵히고 있습니다.

직장인들, 특히 필자와 같은 외벌이 가장들은 '투잡' 없이는 자녀의 학원비조차 감당하기 힘든 세상입니다. 하지만 잠을 줄이고 새벽에 대리운전한다든가, 아니면 꿀과도 같은 주말 휴식을 포기하고 아르바이트를 하기에는 우리들은 모두 저질 체력을 소유하고 있습니다. '대리운전'으로 아이 학원비를 버는 '이대리님'을 인터뷰한 신문기사는 멀고도 먼 나라의 이야기입니다.

필자와 같이 저질 체력을 소유한 이들에게 가장 적합한 '투잡'은 투자입니다. 하지만 모든 투자는 리스크가 따릅니다. 불과 반년 전만 하더라도 모두들 '비트코인'과 같은 '가상화폐'에 열광하며 '가즈아~~~'를 합창했습니다. 그러나 가상화폐가 폭락한 현재 가상화폐에 열광했던 많은 이들이 '한강 가즈아~~~'를 목 놓아 울부짖고 있습니다.

한강에 간 것은 가상화폐 투자자뿐만이 아닙니다. 몇 해 전만 하더라도 '갭' 투자를 하지 않으면 시대에 뒤떨어지는 바보 취급을 받았습니다. 하지만 일부 지역을 제외한 대부분의 지역에서 전세 가격이 하락해 수많은 갭 투자자들은 현재 진퇴양난에 처해 있습니다.

이럴 때일수록 필자는 여러분께 '자동차 경매'를 추천드립니다. 올해 여름은 1994년 이후 최악의 폭염이라고 하는데, **자동차 경매는 그야말로 한여름의 뜨거운 태양을 피할 수 있는 파라솔과도 같은 존재입니다.** 이 책을 구매하신 모든 독자분들이 뜨거운 태양을 피할 수 있는 파라솔을 더욱 쉽게 찾을 수 있기를 기원합니다.

그리고 이 책을 집필할 수 있도록 물심양면 지원해주신 '두드림미디어' 식구들과 한성주 대표이사님, 빠르지만 정확한 업무처리 능력의 최윤경 담당자님, 편집 디자인을 해주신 디자인실장님, 생생한 실제 경매사례를 모집해주신 배중렬님과 '야생화의 실전 경매' 카페 운영자 여러분, 마지막으로 얄팍한 월급봉투에 화 한번 내지 않은 아내와 딸 민지에게 감사드리며 마칩니다.

40대 대표 외벌이 가장

김형무

Contents

part 01

자동차 경매 도전
첫걸음

짭짤한 부업 – 자동차 경매

1. 외벌이의 부업 찾아 삼만 리

외벌이에게 세상은 녹록지 않습니다. 월급은 그대로인데 오르지 않는 것이 없습니다. 심지어 담뱃값도 오른다고 합니다. 월급은 몇 분 동안 잠시 통장에 머무를 뿐입니다. 월급이 입금되었다는 문자를 받고 불과 몇 분이 지나지도 않았는데 신용카드사, 보험회사, 이동통신회사의 문자가 울려대더니 다시 또 통장은 0원이 되고 맙니다. 다음 달 월급날까지 통장 잔고는 계속 0원이겠지요.

옆자리에 앉은 맞벌이를 하는 동료의 사정도 별반 다르지 않은 듯 합니다. 그래서 우리들은 '회사에서도 대리인데 밤에도 대리 한번 해볼까?'라든가, '아침에 일찍 일어나서 신문, 우유를 배달해볼까?'라고 궁리를 합니다. 하지만 회사에서도 지쳐 파김치가 되는데 다른 부업을 한다는 것은 체력적으로 도저히 불가능할 듯 합니다. 그렇기에 우리들은 괜찮은 주식 정보가 없는지 정보기관의 비밀 요원처럼 항상 정보를 캐고 다닙니다. 그런데 정보를 캐는 것이 그리

쉬운 일이 아닙니다. 힘들게 정보를 입수해도 나한테 들어온 정보는 더 이상 정보로써의 가치가 없는 정보입니다.

결국 소비를 줄여보려 가계부도 써보고, 신용카드도 잘라 보지만 점심 후 습관처럼 먹는 프랜차이즈 커피에 길들여져 있는 우리들에겐 소비를 줄이는 것이 그리 만만치가 않습니다. 처음 직장생활을 시작할 때 매달 월급의 몇 %는 저금을 하겠다는 굳은 의지는 이제 사치가 되어버린 것입니다.

그렇게 외벌이의 마이너스 인생에 길들여져 가고 있던 어느 날이었습니다. 중소기업의 법무팀에 근무하고 있는 필자의 업무는 회사의 소송을 대리하는 것입니다. 그날도 회사 업무로 ○○○○지방법원의 변론기일에 참석했는데 그날따라 사건 진행이 지연되지 않아 변론이 금방 끝났습니다. 전날 밤새 온라인게임을 하느라 지쳐 있어 바로 회사에 들어가고 싶지 않고 땡땡이를 치고 싶었습니다. 그렇다고 배짱이 좋아 사우나에 가서 마음 편히 땡땡이를 칠 수 있는 성격이 못 되어 남들 눈치 안 보고 졸 수 있는 공간을 찾아 법원 곳곳을 어슬렁거리다 경매법정에 이르렀는데 마침 ○○○○지방법원의 경매 기일이었습니다.

경매법정에서 구경이나 할 겸 자리 깔고 졸고 있었습니다. 한참을 졸다 소란스러워서 눈을 떠보니 옆에 아주머니와 남편분이 초조하게 앉아 계셨습니다. 어린 시절부터 오지랖이 넓은 필자는 아주머니에게 어떤 물건에 입찰하시느냐고 문의해보니 자동차에 입찰하신다고 합니다. 연예인들이 타는 밴이라고 합니다.

8명 정도가 입찰했는데 제 옆에 앉아 계셨던 아주머니가 낙찰받으셨습니다. 옆에 계신 아주머니의 남편께서 얼마나 기쁘셨던지 쉰은 넘어 보이는 나이임에도 '원더걸스'의 〈TELL ME〉를 따라 부르시는 겁니다. 〈TELL ME〉의 유행이 끝난 지가 한참이나 지났는데도 말입니다.

아저씨에게 이것저것 물어보니 ○○동에서 중고자동차매매를 하시는데 싸게 낙찰받아 500만 원 정도 이득을 볼 수 있을 것 같다며 다시 〈TELL ME〉를 따라 부르시기 시작했습니다. 회사 업무도 바쁘고 부동산 경기도 어두웠던 시절이라 장기 결제한 유료 경매사이트도 열어보지 못해 안타까워하던 시기였는데 잘 되었다 싶었습니다.

당시 여름 휴가철을 목전에 둔 5월 경이었는데 꼭 한 건이라도 낙찰받아 더 이상 궁상떨지 않는 정말 럭셔리한 여름휴가를 보내고 싶었습니다. 그동안 애타게 찾아왔던 젖과 꿀이 흐르는 가나안 땅이 먼 곳에 있는 것이 아니었습니다. 그토록 멀리서 찾아 헤매던 파랑새는 멀리 있는 것이 아니라 바로 제 직장 근처에 있었던 것입니다.

2. 외벌이, 자동차 경매에 흠뻑 빠져들다

지피지기백전백승(知彼知己百戰百勝)이라는 조상님들의 말씀이 있습니다. 개인적 친분이 있는 중고자동차매매업자에게 전화를 걸어 자동차 경매를 아냐고 물어봤습니다. 그런데 아쉽게도 다들 모른다고 하는 겁니다. 그래도 좌절하지 않고 자동차 경매에 도전해보기로 했습니다. 자동차 경매가 있는 날 법원 업무를 만들어 땡땡이를 치거나 전업주부인 배우자에게 몇 만 원의 수고비를 주고 자동차 경매에 입찰해보았습니다.

그러나 럭셔리한 여름휴가를 보내겠다는 핑크빛 꿈을 산산이 깨트리려 연속해서 보기 좋게 패찰입니다. 슬슬 배우자에게 주는 수고비가 아까워지기 시작했습니다. 여담이지만 필자의 배우자는 부부 사이더라도 계산 하나는 철저합니다. 필자의 부부관계에서 외상거래란 용납할 수 없는 죄악입니다.

각설하고 럭셔리한 여름휴가를 가야 되는데 왜 계속 패찰을 할까 궁리해봤습니다. 고민의 시간은 그리 길지 않았습니다. 제가 입찰했던 차들이 모두 인기 차종들이었던 것입니다. 경매하는 선배님들 말씀 중에 틀린 말씀 하나도 없다고 내 눈에 좋은 것은 남들 눈에도 좋은 것입니다. 그런데 제가 입찰했던 차량들은 모두 신차 시장은 물론 중고차 시장에서도 인기가 많은 '베스트셀링카'였던 것입니다. '베스트셀링카'는 낙찰받아도 낙찰 가격이 높아 럭셔리한 여름휴가는 물 건너 갈 것 같았습니다. 그냥 수리된 중고차를 사는 것이 경제적으로 이득일 것 같았습니다. 그래도 제 사전에 포기란 없습니다. 오직 럭셔리한 여름휴가를 가보겠다는 집념으로 밤새 궁리하고 전략을 세웠습니다.

그동안 저의 직장생활 처세술은 남들이 YES라고 하면 저 역시 YES라고 하고, 남들이 NO라고 하면 저도 당연히 NO라고 했습니다. 가늘고 긴 직장생활을 목표로 한 저에겐 피할 수 없는 숙명과도 같은 처세술이었습니다. 소신과 자존심이란 아침에 출근할 때 냉장

한 권으로 끝내는
자동차 경매

고에 고이고이 모셔둡니다. 그래서 지금껏 별 탈 없이 그리고 적군 한 명 없이 둥글게둥글게 직장생활을 할 수 있었습니다. 심지어 10년간의 직장생활을 하면서 부하직원을 훈계한 것도 딱 두 번뿐입니다. 그것도 가슴이 아파 당일 저녁에 술 사주고 바로 풀어줬습니다.

그런 제가 몇 번의 패찰 끝에 럭셔리한 여름휴가에 눈이 멀어 여태껏 살아온 처세술과는 전혀 다른 공격적 전략을 세워 자동차 경매에 임하기로 했습니다. 남들과 다른 길을 한번 가보는 것입니다. 남들이 YES라고 하면 YES라고 하던 제가 이제는 남들이 YES라고 할 때 당당하게 NO라고 큰 소리로 외치는 것입니다. 그동안의 신념을 바꾸려 하니 몹시 혼란스럽고 두려웠지만 그래도 더 이상 후퇴할 수는 없었습니다. 이제 여름휴가가 얼마 안 남았기 때문입니다.

제가 세운 공격적 전략이란 '내 눈에 안 좋은 것은 남들 눈에도 안 좋은 것일 것이다'였습니다. 경매세계의 기라성 같은 선배님들의 조언을 거스르는 것이지만 그래도 위와 같은 공격적 전략으로 남들 눈에 안 좋아 보이는 비인기 차종에 입찰해보았습니다. 단 매니아층이 있는 비인기 차종을 공략했습니다.

매월 중고차 시세표가 중고자동차매매업자분들에게 제공됩니다. 대부분의 사람들은 '판매금액-매입금액=중고자동차매매업자 수입'이라고들 생각하시지만 중고자동차매매업자분들을 인터뷰한 결과 일반인에게 차를 매입한 뒤 상사이전을 시키고, 주차비를 내고, 수리하고, 광택을 내는 등 매입비 외 여러 가지 비용을 지불하게 된다는 것을 알게 되었습니다.

이와 같은 정보를 분석해 일반인에게 인기가 없는 비인기 차종들을 중점적으로, 중고자동차매매업자분들 차를 매입하는 가격보다 약간 더 보태 입찰해보았습니다. 그랬더니 웬걸 하늘이 도왔는지 아니면 저의 공격적 전략이 통했는지 계속해서 낙찰받는 것입니다.

결국 당시에 여름 휴가비를 벌 생각으로 자동차 경매를 시작했는데 결과적으로 휴가기간 내내 차 팔러 다니느라 휴가를 가지 못했던 기억이 있습니다. 그래도 억울하지 않았던 건 일기예보를 분석해 날씨가 좋은 날에 휴가 신청을 했음에도 머피의 법칙인지 대형태풍이 상륙해서 어차피 럭셔리한 휴가는 불가능했기 때문입니다.

경매란 무엇인가?

그러면 필자에게 럭셔리한 여름휴가를 꿈꾸게 해줬던 경매란 무엇인가에 대해 살펴보도록 하겠습니다. 경매는 국가기관이 하는 공경매(公競賣)와 사인(私人)이 하는 사경매(私競賣)로 나뉘며 이 책에서 설명하는 것은 공경매입니다.

또한 경매를 오래 하신 선배님들은 〈민사소송법〉으로 진행되던 경매에 참가했었다고 자랑들 하십니다. 현재 공경매의 일반법은 2001년 12월 5일 국회를 통과해 2002년 1월 26일 법률 제6627호로 공포된 후 동년(同年) 7월 1일부터 시행된 〈민사집행법〉이기에 〈민사소송법〉으로 진행되던 경매에 참가했다는 말은, 즉 2002년 7월 이전부터 경매를 해왔었다는 것을 우회적으로 자랑하는 것입니다.

즉, 경매라는 것은 국가의 공권력으로 금전채권의 실현을 목적으로 〈민사집행법〉에 따라 진행되는 경매와 〈국세징수법〉의 체납처분에 따라 진행되는 공매로 나뉩니다. 그리고 〈민사집행법〉에 따른 경매는 다시 일반채권자에 의한 강제경매와 담보권의 실행을 위한

임의경매로 나뉩니다. 독자 분들이 시작 부분에서 행여 책읽기를 포기할까봐 머리 아픈 법률 얘기는 그만하겠습니다. 그렇지만 법원에서 진행하는 경매가 〈민사집행법〉에 따라 진행되는 자동차 경매라는 정도는 아셔야 됩니다.

그러면 자동차 경매의 절차는 어떻게 될까요. 독자 분들 중 일부는 내가 왜 경매 절차까지 알아야 되나 하고 생각하시는 분들도 있을 겁니다. 그럼에도 경매의 절차를 설명 드리는 이유는 경매가 진행되고 나서 매우 긴 시간이 흐른 뒤에야 여러분들이 실제로 낙찰받고 차량을 인수하게 된다는 것을 알려드리고 싶기 때문입니다.

아파트는 바퀴가 없지만 자동차는 바퀴가 있어 길이 있는 곳이면 어디든 갈 수 있습니다. 즉, 자동차 경매가 오랜 시간이 소요되는 이유는 채권자가 채무자의 자동차에 대해 경매를 신청하면 채무자가 자동차를 숨겨둘 수 있는 가능성이 있기 때문에 부동산 경매보다 일련의 과정들이 추가로 진행되기 때문입니다.

즉 채권자는 채무자가 바퀴달린 자동차를 타고 먼 곳에다가 숨겨두는 것을 방지하기 위해서 경매를 신청할 자동차를 집행관에게 인도할 필요가 있으므로 자동차 경매 신청 전 인도명령신청을 하여 채무자의 자동차를 집행관에게 인도시키고 강제경매를 신청하게 되는 겁니다.

가뜩이나 짧지 않은 경매 절차에 위와 같은 일련의 과정이 추가되기에 바퀴 달린 자동차가 한동안 꼼짝없이 서 있어야 되는 것입니다. 출장 등으로 30일 정도만 차를 세워놔도 이것저것 손볼 게 많을 것입니다. 그런데 경매가 진행된 차량들은 대략 1년 이상을 같은 장소에 주차되어 있는 것입니다. 그렇기에 경매가 진행되는 차는 꼼꼼하게 살펴봐야 합니다. 그 이유는 그래야만 만에 하나 발생할 수도 있는 손해를 미연에 방지할 수 있기 때문입니다.

자동차 경매의 3少

이 책을 집필하게 되면서 몇 날 며칠을 고심한 결과 나름 자동차 경매에 대한 정의를 내릴 수 있었습니다. 제가 정의한 자동차 경매의 첫 번째는 '3少'입니다. 그럼 '3少'란 무엇일까요?

'3少'는 첫째, 부동산 경매보다 적은 비용으로 투자가 가능합니다. 둘째, 부동산 경매보다 적은 기간 안에 한 사이클이 마무리됩니다. 셋째, 부동산 경매보다 리스크가 적습니다.

먼저 부동산 경매 대비 적은 투자 비용과 관련해서는 별다른 설명을 하지 않더라도 많은 독자분들이 공감할 수 있을 것입니다. 부동산 경매는 종자돈의 준비기간만 몇 년의 시간이 걸립니다. 필자의 지인 중에도 부동산 경매를 시작하고 싶으나 종자돈이 없어 포기하는 분들이 다수 있었습니다. 또한 종잣돈을 마련하려 몇 년간 고생을 하다 보니 자연스레 경매에 대한 열기가 식는 분들도 다수 있었습니다. 대부분의 사람들이 부동산 경매에 투자하려면 아무리

레버리지(leverage)를 활용한다 할지라도 최소 수천만 원 이상의 현금이 필요할 거라고 생각하고 아예 시도조차도 하지 않습니다. 물론 다년간의 경험으로 인해 특별한 능력이 생겼을 경우 부동산 경매 역시 적은 돈으로 할 수 있는 방법이 없는 것은 아니지만, 그래도 초보자에겐 상상조차 할 수 없는 일입니다. 그런데 자동차 경매는 수백만 원만 있더라도 당장 시작할 수 있습니다. 하다못해 지금 당장 수백만 원이 없더라도 아르바이트를 2~3달만 악착같이 해도 모을 수 있는 종잣돈입니다. 그렇기에 자동차 경매는 부동산 경매 대비 적은 투자 비용으로도 시작이 용이합니다.

또한 자동차 경매의 사이클은 매우 짧습니다. 자동차 역시 경기의 영향을 받겠지만, 그렇더라도 부동산처럼 거래가 얼어붙거나 하진 않습니다. 그 이유는 자동차에 열광하는 예비 수요층이 매년 고등학교 졸업시즌에 맞춰 인해전술처럼 쏟아져 나오기 때문입니다. 남자들의 자동차 사랑이란 정말 대단합니다. 필자의 직장 동료 중에도 150만 원짜리 중고차를 사서 2,000만 원을 투자한 경우도 있으며, 매년 자동차를 바꾸는 친구도 있습니다. 필자 역시 고등학교 시절부터 항상 꿈꿔왔었던 것이 '마이카'로 대학을 등·하교하는 것이었습니다. 어찌나 그 꿈이 간절했었던지, 부모님께서 절대로 갓 고등학교를 졸업한 필자에게 자동차를 사주지 않으실 걸 알고 있기에, 집에 어른들이 안 계신 틈을 타, 당시 우리 집의 보물 1호였던 피아노를 몰래 팔아버리고 그 돈으로 80만 원짜리 중고차를 샀던 기억이 있습니다. 당시 필자가 몰래 피아노를 팔아버린 후 귀가

하신 부모님께서는 거실에서 항상 당당하게 한 자리를 차지하고 있던 피아노가 없어졌다는 것을 발견하시고는 집에 도둑이 들은 줄 아시고 경찰에 신고까지 하려 하셨다고 합니다. 그런데 다행스럽게도 부모님께서 냉정하게 판단해보니 도둑이 엘리베이터도 없는 5층 아파트까지 들어와서 다른 것에는 손도 안대고, 왜 하필 무겁디무거운 피아노만 가져갔을까를 곰곰이 생각해보시니 이건 도둑의 소행이 아니라 집안 내부에서 일어난 소행이라고 의심되어 집안 망신이 될까 경찰에 신고를 안 하셨다고 합니다. 20여 년이 흐른 지금도 필자의 부모님께서는 대체 피아노를 누가 훔쳐간 것이냐고 농담 식으로 말씀하시곤 하는데 그럴 때마다 필자는 쥐구멍이라도 찾아 들어가고 싶은 심정입니다. 여하튼 현재 각종 여론조사에서 부동산의 예비 구매자가 점점 감소하고 있다는 뉴스를 심심찮게 볼 수 있습니다. 그러나 자동차를 사랑하는 예비구매자는 매년 고등학교 졸업시즌과 함께 배출되고 있기에 부동산 대비 매수희망자가 월등히 많아 중고차에 대한 수요는 걱정을 안 하셔도 됩니다. 그렇기 때문에 입찰부터 수익을 얻는 매매까지의 사이클이 짧을 수밖에 없습니다.

마지막으로 자동차 경매는 리스크가 적습니다. 부동산 경매의 경우, 우는 아이도 잠재운다는 대항력 있는 임차인, 유치권 또는 등기된 부동산에 관한 권리 또는 가처분으로 매각허가에 의해 그 효력이 소멸되지 않는 각종 숨은 복병들이 낙찰자를 절망의 구덩이에 빠트리려 곳곳에 매복하고 있습니다. 숨은 복병들을 만나기 가장 쉬운 시기는 부동산 경매를 시작한 지 1~2년 정도 지날 즈음입니다. 큰돈은 아닐지라도 어느 정도 재미도 보고 자신감도 충만해지는 시기가 딱 1~2년 정도 지날 즈음인 것 같습니다. 이때 다소 무리한 도전을 해서 고스란히 리스크를 떠안고 경매를 은퇴하시는 분들을 그간 많이 봐왔습니다. 이는 아래 그림과 같이 법원의 매각물건명세서를 보더라도 확연히 알 수 있는 사실입니다.

▼부동산매각물건명세서(가처분인수)

사건	2011타경 부동산강제경매	매각물건번호	1	담임법관(사법보좌관)	홍
작성일자	2014.11.18	최선순위 설정일자	2011.04.14.경매개시결정등기		
부동산 및 감정평가액 최저매각가격의 표시	부동산표시목록 참조	배당요구종기	2011.07.11		

부동산의 점유자와 점유의 권원, 점유할 수 있는 기간, 차임 또는 보증금에 관한 관계인의 진술 및 임차인이 있는 경우 배당요구 여부와 그 일자, 전입신고일자 또는 사업자등록신청일자와 확정일자의 유무와 그 일자

점유자의 성명	점유부분	정보출처 구분	점유의 권원	임대차 기간 (점유기간)	보증금	차임	전입신고 일자.사업 자등록신 청일자	확정일자	배당요구 여부 (배당요구 일자)
				조사된 임차내역 없음					

〈 비고 〉

※ 최선순위 설정일자보다 대항요건을 먼저 갖춘 주택,상가건물 임차인의 임차보증금은 매수인에게 인수되는 경우가 발생할 수 있고, 대항력과 우선 변제권이 있는 주택,상가건물 임차인이 배당요구를 하였으나 보증금 전액에 관하여 배당을 받지 아니한 경우에는 배당받지 못한 잔액이 매수인에게 인수되게 됨을 주의하시기 바랍니다.

※ 등기된 부동산에 관한 권리 또는 가처분으로 매각허가에 의하여 그 효력이 소멸되지 아니하는 것
갑구2번 최선수위 가처분 등기(2006.7.31.등기)는 매각으로 소멸되지 않고 매수인에게 인수되며, 만약 위 가처분의 피보전
권리가 실제로 존재하는 것으로 확정되는 경우에는 매수인이 소유권을 상실할 수 있음(단, 가처분권자가 현재의 소유자 님)

※ 매각허가에 의하여 설정된 것으로 보는 지상권의 개요
해당사항 없음

※ 비고란
대지사용권이 없으므로 건물만 매각, 최저매각가격은 건물만의 평가액임

[출처 : 대법원 법원경매정보 http://www.courtauction.go.kr/]

▼부동산 매각물건명세서(대항력 있는 임차인)

점유자의 성명	점유부분	정보출처 구분	점유의 권원	임대차 기간 (점유기간)	보증금	차임	전입신고 일자.사업 자등록신 청일자	확정일자	배당요구 여부 (배당요구 일자)

부동산의 점유자와 점유의 권원, 점유할 수 있는 기간, 차임 또는 보증금에 관한 관계인의 진술 및 임차인이 있는 경우 배당요구 여부와 그 일자, 전입신고일자 또는 사업자등록신청일자와 확정일자의 유무와 그 일자

점유자의 성명	점유부분	정보출처 구분	점유의 권원	임대차 기간 (점유기간)	보증금	차임	전입신고 일자.사업 자등록신 청일자	확정일자	배당요구 여부 (배당요구 일자)
박	207호 전부	현황조사	주거 임차인		123,000,00 0			2009.06.01	

〈 비고〉
박   ; * 대항력있는 임차인으로 매수인이 보증금 전액을 인수함(권리신고 및 배당요구를 하지 아니함).

※ 최선순위 설정일자보다 대항요건을 먼저 갖춘 주택.상가건물 임차인의 임차보증금은 매수인에게 인수되는 경우가 발생할 수 있고, 대항력과 우선 변제권이 있는 주택.상가건물 임차인이 배당요구를 하였으나 보증금 전액에 관하여 배당을 받지 아니한 경우에는 배당받지 못한 잔액이 매수인에게 인수되게 됨을 주의하시기 바랍니다.

※ 등기된 부동산에 관한 권리 또는 가처분으로 매각허가에 의하여 그 효력이 소멸되지 아니하는 것
해당사항 없음
※ 매각허가에 의하여 설정된 것으로 보는 지상권의 개요
해당사항 없음
※ 비고란

위와 같은 대법원 법원경매정보에 나와 있는 매각물건 명세서를 살펴보더라도 부동산 경매의 경우 '대항력 있는 임차인'을 낙찰자가 인수하게 되는 경우가 심심찮게 발생되고 있으며, 낙찰자가 가처분을 인수하게 되어 소유권을 상실하게 되는 상황이 발생할 수도 있습니다. 그러나 자동차 경매의 경우 부동산 경매와 다르게 낙찰자가 인수해야 하는 권리상의 하자를 한 번도 본 적이 없습니다.

▼자동차 매각물건명세서

점유자의 성명	점유부분	정보출처 구분	점유의 권원	임대차 기간 (점유기간)	보증금	차임	전입신고 일자.사업 자등록신 청일자	확정일자	배당요구 여부 (배당요구 일자)
부동산의 점유자와 점유의 권원, 점유할 수 있는 기간, 차임 또는 보증금에 관한 관계인의 진술 및 임차인이 있는 경우 배당요구 여부와 그 일자, 전입신고일자 또는 사업자등록신청일자와 확정일자의 유무와 그 일자									

조사된 임차내역 없음

〈 비고 〉

※ 최선순위 설정일자보다 대항요건을 먼저 갖춘 주택.상가건물 임차인의 임차보증금은 매수인에게 인수되는 경우가 발생할 수 있고, 대항력과 우선 변제권이 있는 주택.상가건물 임차인이 배당요구를 하였으나 보증금 전액에 관하여 배당을 받지 아니한 경우에는 배당받지 못한 잔액이 매수인에게 인수되게 됨을 주의하시기 바랍니다.

※ 등기된 부동산에 관한 권리 또는 가처분으로 매각허가에 의하여 그 효력이 소멸되지 아니하는 것

해당사항없음

※ 매각허가에 의하여 설정된 것으로 보는 지상권의 개요

해당사항없음

※ 비고란

[출처: 대법원 법원경매정보 http://www.courtauction.go.kr/]

자동차의 매각물건 명세서를 살펴보면 부동산 경매의 매각물건 명세서에서 심심찮게 찾아볼 수 있었던 대항력 있는 임차인 또는 인수하게 될 가처분, 유치권 등의 각종 권리를 본 적이 없습니다. 이처럼 자동차 경매는 리스크가 적기에 경매에 입문한 초보자에게 도 안성맞춤이라 할 수 있을 것입니다.

자동차 경매의 3無

이번엔 '3無'에 대해 살펴보겠습니다. 그럼 '3無'란 또 무엇일까요?

이 역시 필자가 몇 날 며칠을 지새우며 만든 이론입니다. '3無'란 바로 첫째, 명도 과정이 없습니다. 둘째, 이전등기와 관련한 법무사 비용이 없습니다. 셋째, 양도소득세가 없습니다.

부동산 경매를 시작 후 중도에 많이들 포기하는 이유가 바로 명도 때문입니다. 명도란 부동산을 점유하고 있는 소유자 또는 임차인이 낙찰자에게 부동산의 점유를 이전하는 것입니다. 보증금을 전액 돌려받는 임차인은 낙찰자 명의의 명도확인서와 낙찰자의 인감증명서를 법원에 제출해야만 법원으로부터 보증금 상당의 배당을 받기에, 강제집행을 할 필요도 없을뿐더러 원만한 협상을 위해 이사비를 지급할 이유도 없습니다. 즉 '무혈입성'이 가능합니다.

하지만 무일푼으로 쫓겨나야 하는 소유자 또는 보증금을 돌려받지 못하게 되는 임차인의 경우, 그 저항은 상상을 초월합니다. 소유자는 어차피 자신의 귀책으로 경매가 진행된 것이기에 적당한 이사비용 선에서 협상이 되는 경우가 많습니다. 또한 일정 부분 보증금을 돌려받는 임차인은 어쨌든 배당을 받기 위해서는 낙찰자의 명도확인서와 낙찰자의 인감증명서를 법원에 제출해야 하기에 다소 시간이 걸리거나 혹은 약간의 이사비용을 주더라도 손쉽게 해결되는 경우가 많습니다.

그런데 가장 명도가 힘든 분들은 무일푼으로 쫓겨나게 되는 임차인입니다. 이런 분들은 자신의 귀책이 아닌 임대인, 즉 소유자의 귀책으로 인해 자신이 살고 있는 집이 경매로 넘어가고 보증금을 날리게 된다는 원망이 처음에는 임대인에게 향하다가, 나중에는 고스란히 낙찰자에 대한 증오로 바뀌는 경우가 많습니다. 이런 분들의 저항은 말로 표현할 수 없을 정도로 강하며 설상가상으로 강제집행이 수월할 수 없는 여러 상황들이 발생한 경우도 허다했습니다.

이와 같은 상황이 낙찰자의 잘못은 아니지만 그렇다 할지라도 낙찰자 입장에서도 그리 마음 편한 일은 아닙니다. 그런데 자동차 경매의 경우 임차인 또는 소유자가 점유하고 있지 않기에 그런 마음 아픈 일을 겪지 않아도 됩니다. 필자는 이것이 자동차 경매의 가장 큰 장점이라고 판단됩니다.

또한 자동차 경매는 소유권이전과 관련해 법무사 비용이 발생하지 않습니다. 부동산 경매의 경우 레버리지(leverage)를 활용하기 위해 경락잔금대출을 이용합니다. 그 경우 소유권이전의 셀프등기는 불가합니다. 그러나 자동차 경매의 경우 경락잔금대출을 사용하지 않기에 직접 소유권이전을 하면 됩니다. 그 방법 또한 그리 어렵지 않습니다.

마지막으로 부동산 경매에는 있으나 자동차 경매에는 없는 것이 바로 양도소득세입니다. 국세청 홈페이지에서 양도소득세가 과세되는 범위는 다음과 같다고 명시했습니다.

① 부동산(토지 또는 건물)의 양도소득

② 부동산에 관한 권리(부동산을 취득할 수 있는 권리, 지상권, 전세권, 등기된 부동산 임차권)의 양도소득

③ 주식 또는 출자지분의 양도소득

④ 기타자산(사업용 고정자산과 함께 양도하는 영업권, 특정시설물 이용권·회원권 등)의 양도소득

2014년 초 의정부의 중형 크기의 아파트를 정말 저가에 낙찰받았습니다. 요즘이야 아파트의 낙찰가가 감정가의 90%를 넘어 100%를 향해 달려가고 있지만, 당시는 감정가 대비 80%에서 85% 사이에 낙찰되었던 것으로 기억하고 있습니다. 그런데 아주 사소한 문제가 있는 물건이라서 필자의 경우 감정가 대비 70% 초반에 낙찰받을 수 있었습니다. 그날 너무 기쁜 나머지 저녁에 가족끼리 패밀리레스토랑에서 외식을 했던 기억이 있습니다.

필자는 부동산 경매 시 단타보다는 최소 몇 년간 월세 소득을 얻은 뒤 매도하는 방식을 고수하기에 나름 정성들여 낙찰받은 물건

을 수리하곤 합니다. 그런데 당시 단기적으로 잠시 현금흐름이 나빠져 부득이 이 의정부 아파트를 단타로 매도하게 되었습니다. 문제는 수리비도 일정부분 들어간 상태이고 급매이다 보니 주변 시세보다 단 얼마라도 싸게 팔아야 하는 상황이었기에, 양도소득세를 포함한 각종 세금을 납부하니 실제 얻은 이익이 100만 원도 안되었던 경험이 있었습니다. 몇천만 원을 투자했던 부동산 경매가 단 몇백만 원을 투자한 자동차 경매보다도 수익이 나빴던 예라 할 수 있으며, 이는 부동산 경매의 경우 1년 미만을 보유하는 단타로 매도를 하게 되면 아래 자료와 같이 최대 50%의 양도소득세 세율을 적용받게 되기 때문입니다. 그런데 자동차 경매의 경우 기타 모든 세금의 의무가 면제되는 것은 아니지만 그렇다 할지라도 양도소득세가 없다는 것은 큰 장점이라 할 수 있습니다.

▼양도소득세세율표(2005년 1월 1일 이후)

구분			세율
토지 또는 건물 (주택·조합입주권, 비사업용 토지 제외)		2년 이상 보유	〈소득세법〉 제55조 제1항의 세율
		1년 이상~2년 미만 보유	40%
		1년 미만 보유	50%
주택(주택 부수토지 포함) 및 조합입주권	1세대3주택 미만	1년 이상 보유	〈소득세법〉 제55조 제1항의 세율
		1년 미만 보유	40%
	1세대 3주택	지정 지역	1년 이상 보유	〈소득세법〉 제55조 제1항의 세율에 100분의 10을 가산한 세율
			1년 미만 보유	Max(40%, 〈소득세법〉 제55조 제1항의 세율에 100분의 10을 가산한 세율)
		지정 지역 외	1년 이상 보유	〈소득세법〉 제55조 제1항의 세율
			1년 미만 보유	40%

[출처 : 국세청 홈페이지 http://www.nts.go.kr/]

초보자의 차량 선택 노하우

필자의 강의를 수강한 초보자들의 가장 많은 질문 중 하나가 이 질문입니다. "초보자인데 어떤 자동차 경매에 도전해볼까요?" 그 때마다 필자는 항상 다음과 같이 답변합니다.

첫째, 현재 사용 중이거나 사용했던 차종에 도전하세요.

둘째, 인근지역의 차량을 공략하세요.

셋째, 경차의 혜택을 활용하세요.

넷째, 심리적 마지노선은 15만Km입니다.

다섯째, 1,000만 원 이하에 팔 수 있는 차량만 도전하세요.

그래야만 여러분들이 손해 보지 않기 때문입니다.

1. 현재 사용 중이거나 사용했던 차종에 도전하세요

전국구 부동산 경매의 달인들도 그 시작은 자신이 살고 있는 동네였을 것입니다. 그 이유는 자신이 살고 있는 동네에 대해서만큼은 그 어느 누구보다도 전문가이기 때문입니다. 매매는 잘되는지, 거래 추이는 어떤지, 동네의 인프라는 잘 갖추어져 있는지, 학군은 어떤지, 출퇴근은 힘들지 않은지 등의 비교적 쉽게 접할 수 있는 정보는 물론, 동네 주민들의 성향과 같은 타지 주민들이 쉽게 알 수 없는 정보들에 대해서도 전문가일 것입니다.

자동차 역시 현재 사용 중인 또는 사용했던 차량에 대해서만큼은 누구보다 더 전문가라 할 수 있습니다. 차량에 고질적으로 발생되는 문제는 없는지, 문제가 발생한다면 어느 부위를 어떻게 얼마의 수리비로 수리해야 되는지 등 당해 차량을 소유하지 않았던 사람이 시간 또는 비용을 지불해야 얻을 수 있는 정보를 미리 알고 있기 때문입니다. 몇몇 지인들과 함께 차량보관소에 가보면 처음 보는 낯선 외제차의 경우 본네트를 열지 못하는 경우도 많이 봤습니다. 본네트조차 열기 어려운 상황에서 낯선 자동차의 하자 유무를 판단하기란 여간 어려운 일이 아닐 것입니다.

2. 인근지역의 차량을 공략하세요

앞에서 자동차 경매의 장점을 무수히 나열했지만 그렇다고 해서 자동차 경매에 단점이 없는 것은 아닙니다. 고가의 수입차 등 예외는 있겠지만 자동차 경매의 수익은 대부분 몇백만 원 이내입니다. 물론 100% 낙찰이 된다는 보장이 있다면야 비행기를 타고 제주지방법원에 가서 입찰을 할 수도 있겠지만 10여 번을 가야 한번 낙찰을 받는 상황에서 장거리에 위치한 법원에 가서 입찰을 한다는 것은 경제적으로 남는 장사는 아닐 것입니다. 거기다 더해 물건 조사를 위해 차량보관소도 가야 되고, 낙찰 후 소유권 이전을 위해 다시 또 법원에 가야 하고, 소유권 이전 후 차량 인수를 위해 다시 또 차량보관소에 가야 되기에 오히려 이동 경비로 적자가 날 수 있는 상황입니다. 그런 이유로 단거리에 위치한 법원 위주로 입찰을 하는 것이 옳다고 할 것입니다.

3. 경차의 혜택을 활용하세요

먼저 경차(輕車)란 그 이름과 같이 가벼운 차, 즉 경승용차를 말하며《자동차관리법 시행규칙》에 따라 2004년 이전의 경차는 내수용은 800cc 미만, 수출용은 1,000cc 미만의 배기량에, 크기 제한은 350(장)cm×150(폭)cm×200(고)cm이었습니다.

그러나《자동차관리법 시행규칙》이 2008년 개정됨에 따라 내수용도 1,000cc 미만의 배기량이면 경차로 구분되었고, 그 크기 또한 커져 너비와 폭이 각각 10cm씩 늘어나 360(장)cm×160(폭)cm×200(고)cm 이하이면 경차에 해당되게 됩니다.

우리나라 최초의 경차는 1991년 대우자동차의 '티코'를 시작으로 '다마스', '라보', '마티즈'로 이어졌고, 1997년 9월에는 현대자동차의 '아토스', 1998년에는 기아자동차가 '비스토'가 출시되어 본격적으로 경차시장의 경쟁이 시작되었습니다. 현재 제조·판매 되는 경차는 2008년 개정된 〈자동차관리법 시행규칙〉을 적용 받 아 제작된 경차들로 기아자동차의 '모닝'과 '레이', GM코리아의 '스파크'가 있습니다.

아쉽게도 아직까지 자신이 타고 다니는 자동차를, 자신의 지위를 외부에 표출하는 명함 정도로 생각하시는 분들이 많습니다. 물론 예전보다는 그런 인식이 많이 바뀌었지만 가까운 일본과 비교해 볼 때 아직 우리나라의 경차보급률은 많이 부족한 듯합니다.

그럼에도 경차는 부품비용, 정비비용, 소모품비용 등 유지비용 이 저렴하다는 장점은 물론 아래와 같은 10가지의 혜택을 받을 수 있습니다.

▣ 경차혜택 10가지

① 취득세, 등록면허세 면제

② 도시철도공채 면제

③ 특소세, 교육세 면제

④ 농어촌특별세 면제

⑤ 혼잡통행료 면제

⑥ 공영주차장요금 50% 할인

⑦ 고속도로통행료 50% 할인

⑧ 환승주차장요금 80% 할인

⑨ 책임보험료 10% 할인

⑩ 승용차 10부제 제외

이와 같은 경차의 혜택을 살펴보면 왜 초보자에게 경차를 추천하 는지는 충분히 이해가 될 것입니다. 초보자에게 경차를 추천하는 이유를 보다 구체적으로 설명 드리면 첫째, 수익률이 높습니다. 수

익률이 높은 이유는 경차를 낙찰받았을 경우 취득세, 등록면허세가 면제되어 이전비가 거의 들지 않기에 그만큼의 수익률이 높아진다는 것입니다. 고가의 차량일 경우 낙찰가격 대비 약 7%에 상당하는 취·등록세를 무시할 수 없습니다. 행여 입찰가 산정 시 이를 계산하지 못한다면 앞으로 남고 뒤로 밑지는 상황이 발생할 수 도 있습니다. 이처럼 취·등록세가 면제되는 경차의 혜택이 정말 특별한 혜택임에는 다들 이의가 없으실 것입니다.

둘째, 매매가 빠릅니다. 그동안 자동차 경매를 하며 느낀 점은 매매가격과 수요층은 반비례하고, 매매가격과 매매기간은 정비례한다는 것이었습니다. 즉 가격이 저렴하기에 많은 수요층이 존재하고, 또한 많은 수요층이 존재하기에 매매기간 역시 짧아진다는 것입니다.

이상에서 살펴본 것처럼 정말 많은 혜택을 가진 경차이기에 초보자의 경우 가급적 경차에 도전해보시길 추천합니다. 심지어 경차를 낙찰받아 매매가 될 때까지 운전해보시면 그 혜택에 놀라 매매하지 않고 직접 운행하게 될 수도 있을 것입니다. 주위 분들 중에서도 그런 경우를 심심찮게 봤습니다.

4. 심리적 마지노선은 15만Km입니다

입찰에 참여하시는 분들이 눈여겨봐야 되는 정보 중 하나가 해당 차량의 총운행거리입니다. 불과 십년 전만 하더라도 일반 사람들의

한 권으로 끝내는
자동차 경매

의식 속에는 총운행거리가 10만Km를 넘어가면 그 차는 폐차 대상이라는 인식이 자리 잡고 있었습니다. 물론 당시에도 10만Km를 넘어서 운행되는 차량들이 많았을 것이나 그래도 당시 대부분의 사람들이 중고차를 구매할 때 총운행거리가 10만Km를 넘긴 차량은 단기간의 운전 연습용 차량이 아니면 쉽게 선택할 수 없는 차량이었습니다. 그런데 자동차 제조 기술이 비약적으로 발전하고, 차량 운전자의 차량관리능력이 향상되어서 그런지 몰라도 현재 대부분의 사람들은 총운행거리가 20만Km 이하일 경우 별 탈 없이 탈 수 있을 것이라고 생각합니다. 물론 현재에도 총운행거리가 20만Km는 물론 30만Km를 넘겨도 별 탈 없이 운행되는 차를 종종 볼 수 있습니다. 그렇더라도 초보자들은 가급적 총운행거리가 15만Km 이하인 차량만 입찰에 참여하는 것을 추천합니다.

이런 주장과 관련해 전문적 조사기관이 국내에서 폐차된 차량들의 평균 총운행거리를 조사한 자료를 찾을 수는 없었으나 필자의 지인들에게 물어본 결과 하나같이 20만Km가 넘은 차량은 구매할 의사가 없다고들 합니다. 필자의 지인 중 중고자동차매매업을 하는 몇 분에게 문의해본 결과 중고자동차매매시장에서도 총운행거리를 제외한 나머지 조건이 동일함을 전제로 총운행거리가 20만Km가 넘은 차량은 가격도 싸게 매매될뿐더러, 가격이 싸더라도 쉽사리 거래가 잘 이루어지지도 않는다고 합니다.

그럼 왜 20만Km가 아닌 15만Km 미만의 차량만 입찰에 참여하라는 것일까요? 그 이유는 앞에서 주장한 바와 같이 개인적 차이는 있겠으나, 사람들이 평균적으로 생각하는 폐차 시까지 탈 수 있는 총운행거리가 20만Km인 듯 합니다. 그렇기에 20만Km를 넘긴 차량을 구매한다면 결과적으로 구매자가 구매한 중고차량을 얼마 못가 폐차하게 됩니다. 최소한 총운행거리가 15만Km 미만인 차량일경우 중고차를 구매하더라도 최소 5만Km 이상은 운행할 수 있다는 계산이 나오기 때문입니다.

그런데 여기서 주의해야 될 사항은 총운행거리와 관련된 부분은 어디까지나 저의 주관적인 생각입니다. 가급적이면 총운행거리가 20만Km를 넘긴 차량에 입찰을 하지 말라는 것이지, 무조건적으로 총운행거리가 20만Km를 넘겼기 때문에 나쁘다는 것이 아닙니다. 총운행거리가 20만Km를 넘겼음에도 신차 못지 않은 성능을 내는 자동차들을 심심찮게 발견할 수 있으며 그런 차량은 별다른 경쟁자 없이 저가에 낙찰받아 투자 금액 대비 높은 수익률을 올릴 수도 있습니다. 그런데 초보자분들이 그런 차량을 낙찰받아 수익률을 올리기에는 다소 리스크가 존재하니 어느 정도 경험을 쌓은 후 도전하시길 바랍니다.

5. 1,000만 원 이하에 팔 수 있는 차량만 도전하세요

위에서 자동차 경매의 '3無'를 설명하면서 부동산 경매의 경우 레버리지(leverage)를 활용하기 위해 경락잔금대출을 이용하나 자동차 경매의 경우 경락잔금대출을 사용할 수 없다고 설명했습니다. 그런데 이는 매수과정에서만 발생되는 일이 아니라 매도과정에서도 발생되는 문제입니다. 여기서 매수과정의 문제란 자동차 경매에서 낙찰을 받았을 경우 경락잔금대출 등 레버리지(leverage)의 활용이 불가하다는 것이고, 매도과정에서 발생되는 문제란 나의 차량을 구매할 고객, 즉 매수인 역시 할부금융의 사용을 꺼려한다는 것입니다.

매수인들이 할부금융의 사용을 꺼려하는 이유는 바로 높은 할부금리 때문입니다. 신차의 할부금융은 각 금융회사마다 조건이 상이하겠지만 평균 4~8%대의 금리로 형성되어 있으며 가끔씩 무이자 할부 프로모션도 심심찮게 진행합니다. 그런데 중고차 할부금융의 경우 신차의 할부금융보다 금리가 많이 비쌉니다. 물론 개인의 신용도와 이용하려는 할부금융의 상품에 따라 금리가 상이하겠지만 모 대형 캐피탈社 상품의 2014년 8월 기준 중고자동차 할부금융 금리를 확인해본 결과 금리가 최저 7.9%부터 최고 16.9% 였습니다. 그러나 7.9%의 금리는 캐피탈社가 분류한 우량 회사에 근무하거나 아니면 감정평가사, 건축사, 변리사, 변호사 등 전문직인 경우에만 적용을 받을 수 있는 금리입니다. 즉 중고자동차의 할부금융은 신용도가 매우 우수한 일부 신청자를 제외하고는 평균 10% 이상의 이자를 납부해야 하는 상품을 사용하게 되는데, 이로인해 중고차 구매 시 할부금융을 이용치 않으려는 분들이 의외로 많이 있습니다.

이처럼 중고차 구매 시 할부금융을 이용치 않는 분들이 많기에 중고차는 현금으로 거래되는 비율이 의외로 높습니다. 그런데 일부 고소득자를 제외하고 1,000만 원 이상의 여유자금을 통장에 넣어두고 있는 분들이 그리 많지 않을 것이고, 통장에 어떤 용도로든 사용이 가능한 1,000만 원 이상의 여유자금을 넣어둘 여력이 있는 분들은 중고차보다는 신차를 구매하려 할 것입니다. 이런 이유로 차량의 매도가격이 1,000만 원을 넘어가면 그만큼 차량판매 기간이 오래 걸릴 수밖에 없으니 어느 정도 경험이 쌓이기 전까지는 수리비와 마진을 계산해 매도가격이 1,000만 원 이하인 차량들을 집중적으로 공략하시길 추천합니다.

part 02

탐정이 되어보자
(온라인 물건 조사)

앞 장을 읽으신 모든 독자들께서 짭짤한 부업, 자동차 경매에 도전하고 싶은 욕구가 샘솟으셨길 기원하며 이 장을 시작합니다. 그런데 기억을 더듬어보니 몇 년 전 자동차 경매를 처음 시작했을 당시의 필자가 가장 막막했던 부분이 몇 가지가 생각납니다.

그 중 첫째는 큰 사고가 났던 차를 잘못 낙찰받아서 손해를 보는 것은 아닌지, 둘째는 낙찰받은 차에 큰 수리비가 들어가는 것은 아닌지, 셋째는 시세보다 비싸게 사는 것은 아닌지 걱정이 이만 저만이 아니었습니다. 차라리 수고비라도 내고 어디다 물어보고 싶었는데 물어볼 곳도 마땅히 없었습니다.

이와 같은 걱정이 괜한 걱정은 아니었습니다. 처음 낙찰받은 차부터 문제가 생겼습니다. 신차와 같은 겉모습에 현혹되었는데 문제는 눈에 보이지 않는 하부에서 발생되었습니다. 엔진오일을 교환하러 카센터에 가보니 하부 멤버가 부식되어 주저앉기 직전이라는 것이었습니다. 수리를 위해 이곳저곳 많이 다녀봤는데 평균 견적이 150만 원 이상이었습니다.

다행히 많은 분들의 도움을 받아 저렴하게 수리했고, 또한 저가에 낙찰을 받은 것이라 수리비를 제외하고도 꽤 짭짤한 수익을 올렸었는데 그 과정에서의 스트레스란 이루 말할 수가 없을 정도였습니다. 필자와 같이 걱정하고 계실 독자들을 위해 인터넷 또는 전화 등으로 입찰할 자동차의 여러 정보를 습득하는 것을 알려드리도록 하겠습니다.

보험개발원 사고이력정보

1. 카히스토리란?

운전 중 사고가 나면 엄마보다 먼저 찾게 되는 것이 보험회사입니다. 아주 경미한 사고일 경우 맘씨 좋은 분들을 만나면 웃으면서 헤어지는 경우도 있지만, 그보단 시시비비를 밝히려 얼굴이 붉어지는 경우가 다반사이고 결국 보험회사에 전화하게 됩니다. 맘씨 좋은 분을 만났다 하더라도 큰 수리비의 발생이 예상되면 결국 보험회사에 전화하게 됩니다. 그렇다면 입찰할 차량의 보험처리 내역만 알더라도 한숨 돌릴 수 있을 것입니다.

그런데 그 방법이 또 막막합니다. 보험회사의 전산을 확인해본다면야 보험처리 내역을 쉽사리 알 수 있겠지만 해킹할 능력도 없을 뿐더러 해킹은 불법입니다. 짭짤한 부업 한번 해보려다가 구속될 수도 있는 것입니다. 그런데 우리는 보험회사의 전산을 해킹하지 않더라도 입찰할 자동차의 보험처리 내역을 확인할 수 있습니다. 바로 '카히스토리의 홈페이지(http://www.carhistory.or.kr/)에 접속만 하면 됩니다.

카히스토리(CarHistory)란? 보험개발원이 중고차시장의 유통투명성 제고와 소비자 피해예방을 위해 자동차보험사고로 보상 처리한 차량의 수리비지급내역을 기반으로 차량이력과 보험사고정보를 제공하는 서비스입니다. 그리고 카히스토리를 제공하는 보험개발원은 〈보험업법〉 제176조 의해 설립된 보험요율산출기관으로 보험요율의 산출·검증 및 제공, 보험관련 정보의 수집·제공 및 통계작성, 보험에 대한 조사연구 등을 수행하는 기관입니다.

카히스토리가 시행된 배경은 1998년 IMF 구제금융 시절까지 거슬러 올라갑니다. IMF 시절 중고차거래가 신차판매차량대수의 20% 이상 증가하면서 중고차거래가 활발하게 이루어졌습니다. 그런데 중고차시장이 활성화되다 보니 중고차 거래 시 사고차량을 무사고차량으로 둔갑시켜 판매함으로써 중고차소비자의 피해가 급증하게 되었습니다.

이에 한국소비자보호원(現 한국소비자원), 소비자보호연맹 등 소비자보호기관과 시민단체들이 중고차시장의 투명한 유통과 소비자 피해예방을 위해 보험개발원이 보유하고 있는 자동차보험사고 정보의 공개를 요청했고, 결국 보험개발원은 관련당국과 유관기관들의 협조를 받아 2003년 4월부터 카히스토리 서비스를 제공하게 된 것입니다.

카히스토리에서 제공되는 주요서비스는 다음과 같습니다.

- 자동차일반사양 : 제작사, 차명, 연식, 배기량, 최초보험가입일
- 자동차용도이력 : 대여용(렌터카), 영업용, 관용 등 사용이력
- 소유자변경이력 : 소유자 변경횟수
- 차량번호변경이력 : 차량번호 변경횟수(최초차량번호부터 현재번호까지)
- 특수보험사고정보 : 침수, 도난, 전손처리 정보
- 보험사고이력정보 : 내차처리정보, 타차처리정보, 타인재물가해정보

주의사항으로는 이런 정보는 1996년 이후 자동차보험 사고자료 등을 기초로 제공된 것이며, 또한 보험회사에 보험사고발생 사실이 신고되지 않았거나 보험사고처리가 되지 않은 사항은 카히스토리에서 확인이 불가하다는 점입니다.

그리고 보험사고처리와 관련된 데이터 중 카히스토리가 공급받은 데이터의 오류가 있거나 처리과정의 착오로 인한 오류가 발생될 수도 있으니 카히스토리는 단순 보조정보로만 활용해야 합니다.

이런 점은 카히스토리의 홈페이지에도 명시되어 있으며, 이와 같은 주의사항에 대해 충분히 숙지하고 정보오류로 인한 어떠한 법적 책임도 요구하지 않겠음을 다음 그림과 같이 동의해야만 카히스토리의 서비스를 이용할 수 있습니다.

제공정보의 누락, 오류 등 서비스의 한계

전체동의

카히스토리서비스는

공익제고 차원에서 자동차보험 사고정보를 이용하여 제공되는 서비스나 별도의 시스템운영비용이 소요됨에 따라, 수익자부담원칙을 적용해 유료 서비스로 운영되고 있습니다. 또한, 손해보험사의 자동차보험 사고자료와 주행거리자료 (마일리지할인특약) 등을 기초로 제공되며, 손해보험사에 자동차보험 사고발생 사실이 접수되지 않았거나 보험사고 처리가 되지 않은 경우 그리고 마일리지특약에 가입하지 않은 경우 등에는 관련 정보가 제공될 수 없습니다.

본인은 위 사항에 대하여 확인하였습니다.   ☐ 확인하기

보험개발원이 제공하는 자동차보험 사고정보, 주행거리 이력정보 및 기타 정보서비스는 관련 법령 등에 따라 원천정보 제공자인 제3자로부터 해당 정보를 전달받아 표시하는 서비스로서, 보험개발원은 해당 정보의 신뢰도 및 정확성에 대해서 책임을 부담하지 않습니다. 따라서 구입하고자 하는 중고차의 상태를 차주 문의 실차 점검, 중고차 성능상태점검기록부 등을 통해 최종확인 하십시오. 카히스토리는 단순보조정보로써만 사용하실 것을 당부드립니다.

본인은 위 사항에 대하여 확인하였으며,   ☐ 동의하기
카히스토리 정보오류로 인한 어떠한 법적 책임도 요구하지 않겠습니다.

[출처 : 카히스토리 홈페이지 http://www.carhistory.or.kr/]

2. 카히스토리의 용어정리

그러면 카히스토리의 용어에 대해 살펴보도록 하겠습니다. 아마 보험업종에 근무하시거나 〈상법〉 또는 〈보험업법〉을 공부하신 분들은 카히스토리의 용어 중 친근한 용어들이 많이 눈에 띌 것입니다. 그 외의 분들도 자동차보험을 가입해 본 경험이 있는 분들은 그리 어려운 용어가 아닐 것입니다. 카히스토리에서 사용하는 용어는 다음과 같습니다.

▣ 대물배상담보
자동차를 소유, 사용, 관리하는 동안에 생긴 자동차의 사고로 남의 재물을 멸실, 파손 또는 오손하여 법률상 손해배상책임을 짐으로써 입은 손해에 대해서 보험금을 지급하는 자동차보험의 담보종류입니다.

▣ 도난보험사고
자동차를 도난 당하여 경찰서에 신고한지 30일이 지나도록 도난 당한 자동차를 찾지 못하여 자동차보험에서 보상처리 받은 사고이며, 자동차보험 자기차량손해담보에 가입한 경우에만 제공합니다.

▣ 미확정사고
자동차보험사고로 보험회사에 접수된 후 사고처리가 끝나지 않아 지급할 보험금액이 아직 확정되지 않았거나 확정되었는데 아직 보험개발원에 관련 자료가 넘어오지 않아(월 1회 전송, 2~3개월 소요) 확정처리 되지 않은 사고를 말합니다.

▣ 보험금
자동차보험에서 보험사고가 발생하여 손해가 생겼을 경우 보험회사가 지급하는 보상금으로 자기부담금과 과실상계액등이 제외된 금액을 말합니다.

▣ 수리비
자동차사고로 자동차가 손상된 경우 보험회사가 지급하는 보험금 중에서 자동차 운반비, 대차료(렌트비용), 휴차료 등 간접손해와 과실상계액 등을 제외한, 자동차를 수리하는데 소요되는 직접적인 비용으로 부품비용, 공임 및 도장료로 이루어집니다.

▣ 자기자동차보험 사고이력
자동차소유자가 가입한 자동차보험 중 자기차량에 사고가 발생한 경우 보상받을 수 있는 담보인 자기차량손해담보로 보상받은 보험사고이력입니다.

▣ 자기차량손해담보
자동차를 소유, 사용, 관리하는 동안에 다음과 같은 사고로 인해 자동차에 직접적으로 생긴 손해에 대해서 보험금을 지급하는 자동차보험의 담보종류입니다.
– 타차 또는 타물체와의 충돌, 접촉, 추락, 전복 또는 차량의 침수로 인한 손해
– 화재, 폭발, 낙뢰, 날아온 물체, 떨어지는 물체에 의한 손해
– 자동차 전부의 도난으로 인한 손해

▣ 자동차보험 사고특수이력
자동차보험에서 보험금이 지급된 자동차사고기록 중에서 자동차품질에 특별히 영향을 미칠 가능성이 있는 사고인 전손, 도난, 침수사고입니다.

▣ 자동차세부사양
자동차 자체의 전반적인 사항으로 제작사, 차명, 연식, 배기량, 사용연료 등에 대한 사항입니다.

▣ 자동차용도
자동차용도 구분으로서 크게는 비사업용(자가용), 사업용(영업용) 및 외교용으로 구분되며, 비사업용은 자가용 및 관용으로 세분되고, 사업용은 일반사업용 및 대여사업용(렌터카)으로 세분됩니다.

▣ 전손보험사고
손상된 자동차의 수리비용이 보험회사에서 적정하다고 인정한 자동차가치(자기차량손해담보에 가입되어 보상처리 받은 경우에는 사고발생당시의 보험개발원에서 정한 최근의 차량기준가액을 기준으로 하고 타인의 자동차보험 대물배상에서 보상처리 받은 경우에는 사고발생 당시의 시장가액을 기준으로 함)를 초과한 경우(추정전손) 및 손상된 자동차의 수리가 불가능하거나 수리를 하더라도 자동차로서의 기능을 다할 수 없는 경우(절대전손)로 자동차보험에서 보상처리 받은 사고입니다.

▣ 차량번호
차량번호는 자동차 앞면과 뒷면에 자동차번호판에 표시되어 있는 번호를 말합니다. 한 번 정해지면 바뀌지 않는 주민등록번호와 달리 등록을 변경하게 되면 그 번호가 바뀌는 경우가 종종 있습니다.

▣ 차종
자동차의 종류 구분이며 승용, 승합, 화물, 특수자동차로 구분됩니다.

▣ 침수보험사고
자동차를 운행하던 중 자동차 내부로 물이 들어와 시동이 꺼지거나, 주차 중 엔진 등에 물이 들어가 운행이 불가능하게 되어 자동차에 손해가 발생한 경우이며, 자동차보험 자기차량손해담보에 가입한 경우에만 제공합니다.

▣ 타인자동차보험 사고이력
소유주의 자동차가 타인의 자동차와 사고가 발생하여 타인의 자동차보험 중 대물배상담보(타인의 재물을 멸실·파손 또는 오손하여 법률상 손해배상책임을 졌을 때 보상해주는 것)로 보상받은 보험사고이력입니다.

▣ 타인재물가해

소유주의 자동차가 타인의 재물(자동차, 건물, 가로등, 자전거 등)을 가해하여 소유자의 자동차보험 대물배상으로 보험처리한 사고기록입니다.

▣ 차대번호 V.I.N.

자동차는 각 차량마다 고유한 번호를 부여받아 생산되는데, 한국에서는 "차대번호"라고 부르고 영어로는 V.I.N.(Vehicle Idenfication Number) 즉 자동차 식별번호로 불립니다. 차대번호는 자동차의 뼈대(즉, 차대)에 각인된 고유식별번호로 자동차 도난/밀수 등을 막기 위해 전세계적으로 통용되는 코드입니다. 즉, 세계 어느 나라의 차량과도 구별할 수 있도록 17자리의 알파벳과 숫자로 조합되어 있다. 이를 위해 대시패널, 운전석, 조수석 시트밑, 엔진룸 등에 위변조가 어렵도록 타각(打刻)되어 있습니다. 자동차번호판에 적힌 차량번호는 자동차 이전등록 시 원하면 바꿀 수 있어 차량을 완벽하게 특정하기에 한계가 있습니다.

▣ 최초 수리비

상된 자동차를 원래의 상태로 복원하는데 소요되는 수리비용으로 추가 수리비용, 운전자의 과실비율, 보험금 환입/환수 등이 반영되기 전의 금액입니다.

▣ 과거 차량 조회

과거에는 정상적으로 운행중이었으나 현재는 운행중이 아니어서 차량번호판도 없고 차량번호도 없는 자동차에 대해 과거기준일자 이전의 이력정보를 차대번호로 조회합니다.

3. 카히스토리 활용 노하우

카히스토리의 용어를 충분하게 숙지하셨다면 이제 본격적으로 카히스토리의 활용 노하우를 전수해드리겠습니다. 먼저 카히스토리 홈페이지에 접속한 후 회원가입을 해주십시오. 그 후 다음 그림의 네모칸에 조회하고자 하는 차량번호를 기재 후 옆의 '조회하기'

버튼을 클릭하시면 됩니다.

▼카히스토리 차량번호 기재

[출처 : 카히스토리 홈페이지 http://www.carhistory.or.kr/]

위와 같이 차량번호를 기재 후 '조회하기' 버튼을 클릭했는데 아래와 같은 화면으로 변경된다면 이는 입력한 차량번호를 찾을 수 없기 때문입니다. 차량번호를 찾을 수 없는 경우는 ① 차량번호가 변경된 경우, ② 차량번호를 잘못 알거나, 입력 오류인 경우 ③ 차량을 신규 등록했거나, 번호변경 신청 후 3일이 경과하지 않은 경우 등 3가지 경우입니다.

▼차량번호 오류

[출처 : 카히스토리 홈페이지 http://www.carhistory.or.kr/]

차량번호를 정상적으로 입력했을 경우는 다음과 같은 결제 화면으로 변경됩니다.

▼결제 화면

[출처 : 카히스토리 홈페이지 http://www.carhistory.or.kr/]

카히스토리의 이용요금은 1년간 5건 이하까지는 조회 건당 770원이 부과되고 6건 이상부터는 건당 2,200원이 부가되며 신용카드, 휴대폰을 이용한 결제도 가능하고 미리 충전해 놓은 포인트를 통해서도 결제가 가능합니다. 결제까지 완료하면 다음과 같은 사고이력 정보보고서를 확인할 수가 있습니다.

▼사고이력정보보고서

[출처 : 카히스토리 홈페이지 http://www.carhistory.or.kr/]

그럼 사고이력정보서에는 대체 어떤 정보들이 나와 있을까요? 그리고 또 그 정보들을 어떻게 활용해야 되는 것일까요? 하나씩 설명해드리도록 하겠습니다.

가장 상단에는 다음 자료와 같이 당해 차량의 '사고이력 정보 요약서'가 있으며, 여기에는 * 전손 보험사고, * 도난 보험사고, * 침수 보험사고, * 특수 용도 이력, * 내차 피해, * 상대차 피해, * 소유자 변경, * 차량번호 변경 등의 정보가 있습니다. 본 요약서의 정보들은 하단에서 각 정보별로 상세하게 확인할 수 있으니 하나씩 살펴보도록 하겠습니다.

▼사고이력 정보 요약

[출처 : 카히스토리 홈페이지 http://www.carhistory.or.kr/]

자동차의 일반사양 정보에는 제작사, 자동차명, 연식, 사용연료, 배기량, 차체형상, 용도 및 차종, 최초 보험 가입일자가 나오며 여기서 중요한 부분은 ① 연식, ② 사용연료, ③ 배기량, ④ 용도 및 차종, ⑤ 최초 보험 가입일자입니다.

① 연식

연식은 중고차 가격을 결정하는 중요한 부분임을 모두들 공감하시니 별도의 설명을 생략토록 하겠습니다.

② 사용연료

동일한 조건의 자동차라 할지라도 사용연료가 디젤인지, 가솔린인지에 따라 중고차 가격이 틀려집니다. 통상 디젤연료를 사용하는 자동차가 신차가격도 비쌀뿐더러 중고차 가격도 비쌉니다.

③ 배기량

대형차의 경우 동일한 차종임에도 여러 개의 배기량이 있는 경우가 많습니다. 가령 동일한 차종임에도 어떤 모델은 2,300cc의 엔진이 장착되어 있고, 어떤 모델은 3,000cc의 엔진이 장착되어 있습니다. 이 역시 중고차 가격을 결정짓는 중요한 부분이니 해당 차량의 배기량이 무엇인지 정확하게 확인해봐야 합니다.

④ 용도 및 차종

용도란 용어정리에서 살펴본 바와 같이 크게는 비사업용(자가용), 사업용(영업용) 및 외교용으로 구분되며, 비사업용은 자가용 및 관용으로 세분되고, 사업용은 일반사업용 및 대여사업용(렌터카)으로 세분되며 대여사업용은 중고차 가격이 큰 폭으로 감가되는 사항이니 주의 깊게 살펴봐야 됩니다.

⑤ 최초 보험 가입일자

Self로 신차를 등록해 보신 분들은 잘 아실 것입니다. 신차를 등록하기 위한 구비 서류 중 하나가 바로 '보험가입 증명서'입니다. 즉 보험이 가입되어야만 등록이 가능하다는 것입니다. 이것은 다시 말해서 최초 보험 가입일자와 최초 등록일자는 동일하다는 것입니다. 예를 들자면 2000년식인데 2001년에 등록된 차는 최초 보험 가입일자를 통해 확인할 수 있습니다.

▼일반사양정보

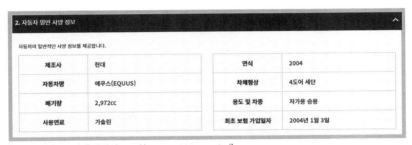

2. 자동차 일반 사양 정보			
자동차의 일반적인 사양 정보를 제공합니다.			
제조사	현대	연식	2004
자동차명	에쿠스(EQUUS)	차체형상	4도어 세단
배기량	2,972cc	용도 및 차종	자가용 승용
사용연료	가솔린	최초 보험 가입일자	2004년 1월 3일

[출처 : 카히스토리 홈페이지 http://www.carhistory.or.kr/]

자동차 자동차 특수 용도 이력 정보가 중요합니다.

렌터카나 업무용 차량은 아무리 관리를 잘한다 하더라도 불특정 다수의 운전자가 운전을 하기에 한명이 운전하는 자동차보다는 상태가 좋다고 할 수 없을 것이며, 필자 역시 회사에서 지급된 업무용차량과 내 자동차를 운전할 때의 운전 습관은 다르다는 것을 시인합니다. 예를 들자면 내 자동차를 운전 시 전방에 둔턱이 발견되면 최대한 속도를 줄여 차에 무리가 가지 않도록 운행을 하는데, 업무용차량 운전 시 둔턱이 발견되면 속도를 줄이지 않고 그대로 점프를 하곤 합니다. 필자만이 그런 것이 아닌지, 렌터카나 업무용 차량은 중고차 가격이 형편없는 경우가 많습니다. 그런 이유로 자동차 특수 용도 이력 정보란에 특수 용도 이력이 있는지를 세심하게 살펴봐야 합니다.

▼특수 용도 이력정보

[출처 : 카히스토리 홈페이지 http://www.carhistory.or.kr/]

특수 용도 이력 정보와 같은 맥락으로 자동차 번호/소유자 변경이력 정보도 중요한 정보인데, 이는 남녀관계와 비슷합니다. 예를 들어 외모는 죽도록 찾아 헤맨 이상형인데 막상 결혼을 하고 보니 사치가 심하거나 아니면 도박 중독 등 사랑만으로는 극복하기 힘든 문제가 있을 경우 눈물을 머금고 헤어지게 됩니다. 자동차도 마찬가지입니다. 필자의 경우도 어렸을 때부터 꿈꿔왔던 스포츠카를 힘겹게 손에 넣었지만 얼마 타다 보니 차량에 심각한 문제가 있다는 것을 알게 되었고 수리비 등 여러 가지를 감안해서 결국 매입한 지 몇 달 만에 다시 매도를 하는 경우가 있었습니다. 그러니깐 중요하게 살펴봐야 될 부분이 단기간에 지속적으로 소유자가 변경

되었는지 여부입니다. 소유자 변경은 자동차 등록원부에서 자세하게 살펴봐야 합니다. 자동차 등록원부를 살펴보는 방법은 뒤에 수록되어 있습니다.

▼자동차 번호/소유자 변경이력 정보

4. 자동차 번호/소유자 변경이력 정보

소유자 변경이력 정보는 개인 간의 소유 변경 이외에도 매매상사 건 변경(상품용)까지 모두 포함된 횟수로 제공됩니다. 참고해주시기 바랍니다.

변경 등록월	소유자 변경	차량번호	차량용도
2011-09-20	변경	12가 XXXX	자가용 승용
2004-06-04	변경	-	
2004-01-03	-	35허 XXXX	대여용 승용

[출처 : 카히스토리 홈페이지 http://www.carhistory.or.kr/]

다음으로 특수 사고 이력 정보를 살펴봐야 합니다.

도대체 무슨 사고가 발생된 것이기에 사고 앞에 '특수'라는 수식어가 하나 더 붙은 것일까요? 특수 사고란 ① 전손보험사고, ② 도난보험사고, ③ 침수보험사고를 말합니다.

① 전손보험사고

보험에서 전손이란 손상된 자동차의 수리비용이 보험회사에서 적정하다고 인정한 자동차가치(자기차량손해담보에 가입되어 보상처리 받은 경우에는 사고발생 당시의 보험개발원에서 정한 최근의 차량기준가액을 기준으로 하고 타인의 자동차보험 대물배상에서 보상처리 받은 경우에는 사고발생 당시의 시장가액을 기준으로 함)를 초과한 경우(추정전손) 및 손상된 자동차의 수리가 불가능하거나 수리를 하더라도 자동차로서의 기능을 다할 수 없는 경우(절대전손)로 자동차보험에서 보상처리 받은 사고입니다.

쉽게 얘기하자면 배보다 배꼽이 더 커서, 즉 현재의 자동차가치보다 수리비가 많이 나온다거나 혹은 수리를 하더라도 더 이상 자동차로써 가치가 없을 경우 보험으로 수리하지 않고 보험개발원에서 정한 최근의 차량기준가액을 준다는 말입니다. 그런데 문제는 전손보험사고 차량이 버젓이 시중에 유통되고 있다는 데 있습니다.

② 도난보험사고

도난보험사고란 자동차를 도난당해 경찰서에 신고한 지 30일이 지나도록 도난당한 자동차를 찾지 못할 경우 자동차보험에서 보상처리 받은 사고입니다. 그러나 이 건은 자동차보험 자기차량손해담보에 가입한 경우에만 확인이 가능합니다.

③ 침수보험사고

장마철만 되면 많은 수의 자동차가 침수되었다는 뉴스를 심심찮게 볼 수 있습니다. 그런데 얼마 전(2013년)에는 침수로 인해 보상처리 된 차량 350대이며 이 중 34.3%인 120대가 수리 후 재 운행 중인 것으로 추정된다는 뉴스가 보도되었습니다.

침수보험사고란 자동차를 운행하던 중 자동차 내부로 물이 들어와 시동이 꺼지거나, 주차 중 엔진 등에 물이 들어가 운행이 불가능하게 되어 자동차에 손해가 발생한 경우를 말하며 이 역시 자동차보험 자기차량손해담보에 가입한 경우에만 확인이 가능합니다.

▼**특수 사고 이력 정보**

[출처 : 카히스토리 홈페이지 http://www.carhistory.or.kr/]

이제 가장 중요한 부분인 보험사고이력 상세 정보에 대해서 살펴보도록 하겠습니다. ① 내차 보험 처리, ② 상대 보험 처리로 분류됩니다.

① 내차 보험 처리

말 그대로 내차보험으로 수리한 내차의 사고입니다. 그런데 카히스토리의 사고이력정보와 현장에서 실물을 확인해본 결과, 내차보험으로 처리한 내차사고는 대부분 자동차의 앞부분에서 발생된 사고였습니다. 그 이유는 내차의 앞부분과 타인 자동차의 뒷부분 간 사고가 발생되었을 경우로, 당연히 뒤에서 들이 박은 내차가 가해차량이 되기에 가해차량인 내차는 내차의 보험으로 수리하는 경우가 많기 때문으로 예상됩니다. 물론 이와 같은 경우가 아니라 과실로 담벼락을 들이 박던지, 피해차량이 없이 내차보험으로 수리되는 경우도 많기에 정확한 것은 차량보관소에서 차량 확인 후 판단해야 합니다.

② 상대 보험 처리

상대 보험에서 처리된 내차사고 역시 말 그대로 상대 보험으로 수리한 내차의 사고입니다. 이 경우는 '① 내차 보험 처리'와는 반대로 내차의 뒷부분과 가해자동차의 앞부분 간 사고로 예상됩니다. 이는 뒤에서 들이박은 상대방 차가 가해차량이 되기에 상대방 차의 보험으로 내차를 수리했을 것이기 때문입니다. 그런데 이는 그러한 경우가 많다는 것이지 100% 그러한 것이라는 것이 아니니 정확한 정보는 차량보관소에서 차량 확인 후 판단해야 합니다.

그런데 여기서 중요한 팁을 드리자면 똑같은 500만 원의 수리비가 발생된 경우 한 번의 사고로 500만 원의 수리비가 발생된 차량보다는 열 번의 사고로 500만 원의 수리비가 발생된 차량의 상태가 더 양호했다는 것입니다. 그 이유는 여러분들이 가입한 실비보험을 생각해보면 쉽게 답을 찾을 수 있습니다. 예를 들어 A는 암에 걸려 실비보험으로 100만 원의 보험금을 한 번에 지급받고, B는 감기에 열번 걸려 각 10만 원씩 100만 원의 보험금을 지급 받았을 경우를 생각해보면 이해가 쉬울 것입니다. 즉 A와 B 모두 똑같이 100만 원의 보험금을 지급받았지만 암에 걸린 A보다 감기에 10번 걸린 B가 더 건강한 사람이기 때문입니다. 자동차 역시 마찬가지입니다.

한 권으로 끝내는
자동차 경매

경미한 10번의 사고가 있었던 차량보다 한 번의 큰 사고가 있었던 차량이 더 많은 문제를 안고 있을 것입니다.

그리고 주의사항으로는 쌍방과실이 경우 '① 내차 보험 처리'에만 표시되고 '② 상대 보험 처리'에는 생략되며 '수리비용'은 보험사에서 지급되는 보험금 산정을 위해 책정된 차량 수리관련항목만의 비용으로 실제 지급된 보험금과 상이할 수도 있습니다.

▼보험사고이력 상세 정보

[출처 : 카히스토리 홈페이지 http://www.carhistory.or.kr/]

보험사고이력 상세 정보 중 '상대 차 사고 발생(피해)'는 내 보험으로 처리한 상대 차 사고 정보입니다. 상대방의 수리(견적)비용을 살펴보면 내 차의 손상 여부를 간접적으로 파악할 수 있습니다. 단, 대인사고와 관련된 보험금 지급은 제외됩니다.

▼상대 차 사고 발생(피해)

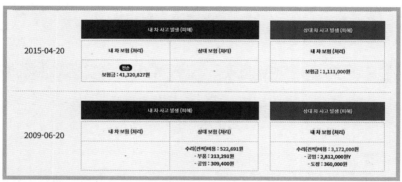

[출처 : 카히스토리 홈페이지 http://www.carhistory.or.kr/]

지금까지 살펴본 유료정보 외에도 카히스토리에서는 다음과 같은 무료 서비스를 제공하고 있습니다. 보험료비교조회(신규)/무료폐차사고조회/무료침수사고조회/인기차종조회/모델별 차량분석/차량 기준가액 등이 있습니다. 특히 무료침수사고조회, 인기차종조회, 모델별 차량분석/차량 기준가액의 경우 수익과 직결되는 사항이오니 꼭 확인해보시길 권유합니다.

자동차 등록원부

1. 자동차에게도 주민등록 초본이 있다

　요즘은 거의 없어졌지만 불과 몇 년 전만 하더라도 대출을 받거나 회사에 입사할 때 주민등록 초본의 제출을 요구하는 곳이 많았습니다. 딱히 어디다가 써먹을 곳도 없을 것 같은데 대체 왜 주민등록 초본을 떼어오라고 하는 건지 이해할 수가 없습니다. 그런데 초본에는 의외로 많은 정보들이 담겨 있습니다. 가령 지금 본인의 최후 주소가 어디인지, 몇 년 단위로 이사를 다녔는지, 직권 말소기록 여부 등 의외로 많은 정보들을 습득할 수 있습니다. 부동산 역시 등기부등본을 통해 당해 부동산에 대한 많은 정보를 습득할 수가 있습니다.

　그렇다면 자동차에는 어떤 것이 있을까요? 사람에게 주민등록 초본이 있고, 부동산에 등기부등본이 있다면 자동차에는 등록원부가 있습니다. 자동차 등록원부에는 〈자동차관리법〉 제7조 및 〈자동차등록령〉 제8조에 따라 자동차의 등록번호, 차대번호, 차명, 사용본거지, 소유자, 정기검사유효기간, 자동차저당에 관한 사항, 기타 공시가 필요한 사항 등이 기재되어 있는데 정말 우리들에게는 유용한 정보입니다.

그런데 이런 귀중한 정보를 소유주가 아니더라도 아무나 발급 또는 열람이 가능할까요? 네, 물론 가능합니다. 본인뿐만 아니라 타인 소유의 차량에 대한 자동차 등록원부 갑(을)부의 열람 또는 발급이 가능합니다. 단 열람 또는 발급 신청 시 발급유형은 아래와 같은 네 가지로 구분되며 사용용도에 맞춰 신청해야 됩니다.

① 공개(주민번호+사용본거지) : 주민번호, 사용본거지 모두 공개
② 비공개 : 주민번호, 사용본거지 비공개
③ 비공개(주민번호) : 주민번호 비공개, 사용본거지 공개
④ 비공개(사용본거지) : 주민번호 공개, 사용본거지 비공개

소유자의 주민번호, 사용본거지 등을 알 수 없어도 필수 입력항목인 차량등록번호와 소유자명만 입력하면 자동차 등록원부 갑(을)부의 열람 또는 발급이 가능합니다.

2. 정부24에서 무료로 자동차 등록원부 열람하기

자동차 등록원부 민원은 어디서 신청이 가능할까요. 방문과 인터넷으로 어디서나 가능하며 수수료는 발급 건당 300원, 열람 건당 100원입니다. 그런데 인터넷은 발급과 열람이 모두 무료입니다.

그럼 인터넷은 어디에서 민원 신청을 해야 될까요? 포털사이트 검색창에 '정부24'로 검색하시면 다음과 같이 맨 상단에 표시됩니다.

▼정부24

정부24 www.gov.kr
처음오셨나요 · 고객센터 · 자주 묻는 질문 · 위치 찾기 서비스 · 토지(임야) 대장 · 지적도 (임야도)
정부의 서비스, 민원, 정책·정보를 통합·제공하는 대한민국 **정부** 대표포털

정부24의 메인화면은 다음과 같습니다.

▼정부24 메인화면

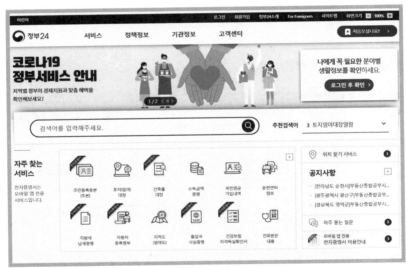

[출처 : 정부24 홈페이지 http://www.gov.kr/]

먼저 '회원가입'을 클릭 후 회원가입을 해주십시오. 회원가입 방법은 생략토록 하겠습니다.

▼정부24 회원가입

[출처 : 정부24 홈페이지 http://www.gov.kr/]

　　회원 가입 후 또는 로그인 후 다음 그림과 같이 '자동차 등록원부' 아이콘을 클릭해주십시오.

▼정부24 자동차 등록원부 검색

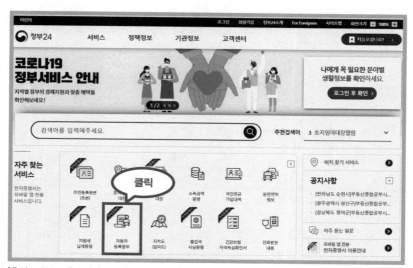

[출처 : 정부24 홈페이지 http://www.gov.kr/]

‘자동차 등록원부’ 아이콘을 클릭하면 다음과 같은 창이 나옵니다. 그럼 네모 칸의 ‘신청하기’ 버튼을 클릭해 주세요

▼정부24 민원안내 및 신청

[출처 : 정부24 홈페이지 http://www.gov.kr/]

　‘신청하기’ 버튼을 클릭하면 다음 그림과 같은 신청서 화면이 나타납니다. 먼저 ‘① 갑구’ 부분을 클릭하면 자동차 등록원부의 갑구를 열람 또는 발급 할 수 있고, ‘② 을구’ 부분을 클릭하면 자동차 등록원부의 을구를 열람 또는 발급 할 수 있으며 갑구와 을구에 대해서는 다음에 후술토록 하겠습니다.

▼정부24 신청서 화면(갑구, 을구)

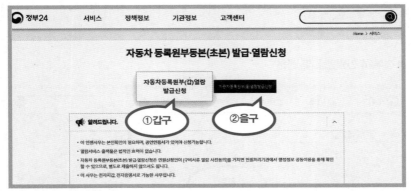

[출처 : 정부24 홈페이지 http://www.gov.kr/]

　이제부터는 본격적으로 신청서 작성 방법에 대해서 안내드리겠습니다. 먼저 갑구와 을구의 신청서 작성 방법은 동일하며 다음 그림에 표시된 번호 순서대로 기재를 하시면 됩니다.

▼정부24 신청서 작성순서

자동차등록원부갑부열람·발급신정

자동차

＊표시는 필수 입력사항입니다.

등록번호 ＊ ①

사용본거지 ＊ 기본주소

검색

상세주소

소유자

＊표시는 필수 입력사항입니다.

성명(명칭) ③ 신청인

② □ 소유자정보 직접입력(타인차량)

주민등록
(법인)번호 －

소유자 주민등록번호 ○공개 ●비공개 ○비공개(주민번호) ○비공개(사용본거지)
공개여부 ④

자동차 등록내역 표시 ○전체내역 ●최종내역
⑤

수령방법

＊표시는 필수 입력사항입니다.

수령방법 ＊ 온라인발급(본인출력) ⑥ 검색

수령기관 선택 검색

발급부수 ⑦ 1 부

신청일 2020 년 05 월 11 일

발급민원이며 민원신청후 나의민원 민원신청 내역에서 확인 하실수 있습니다.

⑧ 민원신청하기 취소

[출처 : 정부24 홈페이지 http://www.gov.kr/]

① '등록번호' 칸에 자동차번호 기재

박스 부분에 자동차 등록원부를 열람 또는 발급코자 하는 자동차의 번호를 기재해주십시오.

② '소유자정보 직접입력(타인차량)' 칸의 '□' 클릭

박스 부분의 '□'를 클릭해주십시오. 그래야만 타인차량의 조회가 가능합니다.

③ '성명(명칭)' 칸에 성명 기재

본인의 성명을 기재하는 것이 아니라 현재 자동차 소유주의 성명을 기재해야 됩니다.

④ '소유자 주민등록번호' 칸에 'O비공개' 클릭

현재 소유자 또는 과거 소유자들의 개인정보 유출을 막기 위해 박스 부분의 'O비공개'를 클릭해야만 합니다.

⑤ '자동차 등록내역' 칸에 'O전체내역' 클릭

박스 부분의 'O전체내역'을 클릭해야만 말소내역을 포함한 해당 차량의 정보를 습득할 수 있습니다.

⑥ '수령방법' 칸에 '검색' 클릭

박스 부분의 '검색'을 클릭하면 다음 그림과 같이 수령방법을 선택하는 창이 팝업 됩니다. 자동차 등록원부를 출력하고 싶은 분들은 박스로 표시된 '온라인발급(본인출력)'을 클릭해주십시오.

▼정부24 출력방법

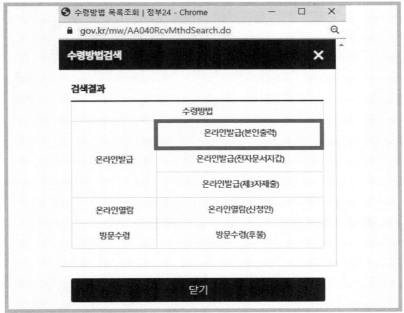

[출처 : 정부24 홈페이지 http://www.gov.kr/]

⑦ '발급부수' 칸에 발급 부수 기재

⑧ '민원신청하기' 버튼 클릭

이와 같이 신청서 작성 과정을 완료하면 다음 그림과 같은 화면으로 이동되며 네모칸을 클릭하면 자동차 등록원부를 출력 또는 열람할 수 있습니다.

▼정부24 출력 및 열람

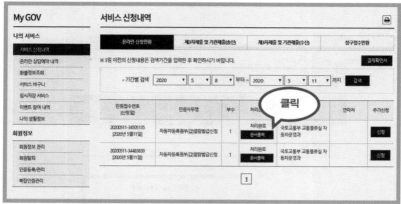

[출처 : 정부24 홈페이지 http://www.gov.kr/]

3. 자동차 등록원부 갑구, 을구 살펴보기

그럼 갑구는 무엇이고 을구는 무엇일까요?

① 자동차 등록원부 갑구

자동차 등록원부 갑구를 살펴보면 차량번호, 차명, 차종, 차대번호, 연식, 색상, 최초등록일, 제작년월일, 소유자 변경 내역, 압류 등록 기록 등을 알 수 있습니다.

다음 자료에서 네모칸 부분을 살펴보면 검사 시 확인한 주행 거리도 표기됩니다. 만약 자동차계기판에 표시되는 주행거리가 100,000Km인데 네모칸에 표시된 주행거리가 이보다 많은

한 권으로 끝내는
자동차 경매

120,000Km라면 당해차량의 주행거리는 조작되었거나 또는 자동차계기판을 교체했다는 것입니다. 이는 검사일로부터 현재까지 주행하는 동안 주행거리가 늘어나면 늘어났지 줄어들 수는 없기 때문입니다.

그리고 카히스토리편에서 설명드렸던 것처럼 자동차 등록원부 갑구에서는 소유자 변경 이력을 확인할 수 있습니다. 소유자가 자주 바뀐다거나 또는 짧은 기간에 소유자가 변경되는 자동차는 문제가 높을 확률이 큽니다. 전 소유자들이 계속해서 2~3개월 자동차를 운전하다 판매를 하는 것은 막대한 수리비가 들어가는 경우가 많습니다. 그러니 현장에서 보다 꼼꼼하게 확인할 필요가 있습니다.

▼**자동차 등록원부 갑구**

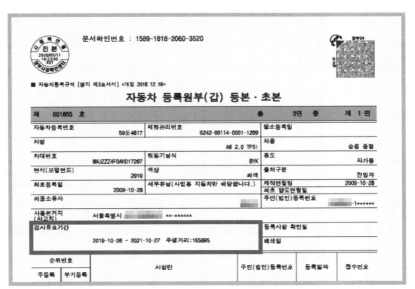

② 자동차 등록원부 을구

자동차 등록원부 을구에서는 저당권자, 저당권설정자, 채무자, 채권가액, 저당권설정일자, 저당권말소일자 등을 확인할 수 있습니다. 즉 바꿔 말한다면 자동차 등록원부 을구가 존재한다는 것은 당해 차량의 저당권이 존재한다는 것입니다.

▼자동차 등록원부 을구

자동차 세부모델 파악하기

자동차 세부모델에 따라 신차 가격은 큰 차이가 발생하며 최상위 모델과 최하위모델은 평균 1,000만 원 이상의 가격차가 존재합니다. 또한 중고차 역시 최상위모델과 최하위모델에 따라 수백만 원의 차이가 존재합니다. 이는 최하위모델부터 최상위모델까지 탑재되는 옵션도 다를뿐더러 심지어 엔진cc까지 상이한 경우도 있기 때문입니다. 또한 SUV의 경우 4륜구동 차량인지 2륜구동 차량인지에 따라 추가로 수백만 원의 가격차가 발생하게 됩니다.

그렇기에 세부모델을 파악하지 않고 입찰을 해서 낭패를 본 사람들을 심심찮게 만날 수 있었습니다. 예를 들어 입찰한 차량이 2,400cc 최하위모델인데 시세를 파악한 것은 3,300cc 최상위모델일 경우 그 손해는 고스란히 낙찰자가 떠안을 수밖에 없습니다.

그러면 세부모델은 어떻게 파악을 할 수 있을까요? 두 가지의 방법이 있습니다. 첫째는 입찰할 자동차에 탑재된 옵션을 확인 후 제원표와 맞춰보는 방법이 있습니다. 예를 들어 제원표를 살펴보니 최상위모델에만 측면에어백이 장착되는데 입찰할 차량에 측면에어백이 장착되어 있다면 당해차량은 최상위모델인 것입니다. 다른 하나의 방법은 제조사에 문의를 하는 것입니다. 제조사에 전화를 걸어 구입예정이라며 자동차 등록원부 갑구에 나와 있는 당해 자동차의 차대번호를 알려주면 각 제조사마다 약간의 차이는 있으나 대부분의 제조사에서는 세부모델을 알려줍니다. 물론 개인정보와 관련된 부분은 제조사에서도 개인정보보호를 위해 알려주지 않을 뿐더러 문의를 해서도 안 됩니다.

입찰가격 산정하기

　필자가 처음 부동산 경매를 시작했을 때, 아파트의 시세야 거기서 거기니깐 시세를 파악하는 데 크게 어려움이 없었는데 빌라의 시세는 도통 감을 잡을 수 없었습니다. 그래서 선배님들께 배운 노하우와 같이 인근 중개업소 두세 곳을 방문해서 입찰할 부동산과 최대한 비슷한 조건의 부동산을 매도할 거라며 매도가격을 파악하였고, 또 두세 곳의 중개업소를 방문해 입찰할 부동산과 최대한 비슷한 조건의 부동산을 매입할 거라며 매입가격을 파악했습니다. 당시 중개업소에서 시세 파악 시 보통 2인 1조로 방문하곤 했는데 집사람과 중개업소를 방문할 때에는 집을 구하는 신혼부부로 가장을 했고, 같이 경매를 시작한 형님과 방문할 때는 형님이 장가가는 동생에게 집을 구해주는 설정으로 어설픈 연기를 했었습니다. 지금 생각하면 손발이 오글거릴 정도로 어색한 연기였지만 당시에는 나름 진지했었던 것 같습니다. 그런데 그렇게 친해진 중개업소 사장님들께 나중에 들은 바에 따르면 중개업소 사장님 열이면 열 모두 필자가 처음 들어오는 순간 경매 때문에 시세 확인하려 들어온 것을 알 수 있었다고 합니다. 그래서 요즘은 더 이상 손발이 오글거리는 발연기를 하지 않고 솔직하게 경매 때문에 부동산 시세를 알아보러 왔다고 합니다. 그런다고 해서 거짓정보를 알려주시거나 또는 불친절하신 사장님을 만나본 적이 한 번도 없었습니다. 잠시 샛길로 샜는데 그렇게 파악한 인근 빌라의 매도가격과 매입가격의 중간 정도가 실거래가인 경우가 많았습니다.

그런데 재밌는 사실은 자동차 경매도 부동산 경매와 마찬가지로 도매가격과 소매가격 모두 파악해야 된다는 것입니다. 그럼 자동차 경매의 도매가격과 소매가격은 무엇인지, 어떻게 파악을 해야 되는지, 그렇게 파악한 도매가격과 소매가격이 입찰가격과 어떤 상관관계가 있는지에 대해서 살펴보도록 하겠습니다.

1. 도·소매가격의 확인

중고자동차를 팔거나 사본 경험이 있는 분들은 모두 공감하실 겁니다. 내가 타던 중고차를 중고자동차매매업자에게 팔려고 할 때는 단 얼마라도 더 받아볼 요량으로 최대한 문제점들을 숨기려고 합니다. 발견되기 힘든 부위의 흠집을 먼저 중고자동차매매업자에게 이실직고한 성인군자를 필자는 단 한 번도 본적이 없습니다. 그렇기에 중고자동차매매업자들은 일반인들에게 자동차를 매입할 경우 정말 꼼꼼하게 살펴봅니다. 그러다 흠집이 발견되면 수리비로 가격을 감가합니다. 일반인들이 중고자동차매매업자에서 차를 살

때도 마찬가지입니다. 어떻게 해서든 단 얼마라도 가격을 흥정할 요량으로 흠을 찾아보곤 하지만 어떻게 된 일인지 흠을 찾을 수가 없습니다. 새차와 같이 광이 나는 외관에 기죽어, 흥정을 하기란 여간 힘든 것이 아닙니다.

그러면 왜 중고자동차매매업자에서 파는 자동차들은 새차와 같이 광이 나고 외관에서 흠을 찾을 수가 없는 것일까요? 그것은 중고자동차매매업자들이 일반인에게 차를 구입한 후 찌그러지거나 도색이 벗겨진 부위를 수리하고 거기다 광택까지 내기 때문입니다. 이런 부분을 설명 드리는 이유는 보통 우리들이 생각하는 중고자동차매매업자들의 마진이 일반인에게 중고차를 구입한 가격에서 다른 고객에게 중고차를 판매한 가격의 차이라고 생각을 하는데, 이는 사실과 다르다는 것을 알려드리려 하기 때문입니다. 즉 중고자동차매매업자들은 일반인에게 중고차를 구입한 후 찌그러지거나 도색이 벗겨진 부위를 수리하고 외부는 물론 내부까지 치장을 한 후 광택작업을 하게 됩니다. 그뿐만이 아니라 이전도 해야 되고 마당비라는 주차비도 내야 됩니다. 그 외에도 여러 잡다한 비용들이 들어가는데, 실제 마진은 그런 비용들을 제외한 금액이라는 것입니다.

그런데 자동차 경매를 하는데 왜 이런 부분까지 알아야 되는지 이해가 힘드실 것입니다. 그 이유는 바로 지피지기백전백승(知彼知己百戰百勝)입니다. 즉 경쟁자가 될지도 모르는 중고자동차매매업자들의 수익구조를 알면 경매입찰 시 중고자동차매매업자를 경쟁자로 만나게 되더라도 우리들이 100% 낙찰받을 수 있기 때문입니다. 그뿐만이 아닙니다. 일반인들이 중고자동차매매업자에게 중고차를 판매하는 가격, 즉 도매가격을 알게 된다면 나중에 낙찰받은 자동차를 매각할 때도 많은 도움을 얻을 수 있을 것입니다.

그러면 소매가격이란 무엇일까요? 소매가격이란 반대로 중고자동차매매업자에서 일반인들이 중고차를 구입할 때 지불하는 가격을 말합니다. 소매가격의 정보가 도매가격의 정보보다 더욱더 중요한 정보입니다. 만약 우리들이 낙찰받은 자동차를 중고자동차매매업자보다 비싸게 판다면 절대 팔리지 않을 것이기 때문입니다. 필자가 중고자동차를 구매한다고 하더라도 같은 가격이면 모든 수리가 완료되고 광택까지 나는 중고자동차매매업자의 중고자동차를 구입하지, 여러분이 낙찰받은 광택은 커녕 찌그러진 모습 그대로의 중고자동차를 구입하진 않을 것입니다.

도매가격과 소매가격의 중요성에 대해서 충분히 인지했다고 판단하고 도매가격과 소매가격을 파악하는 노하우를 알려드리겠습니다. 중고자동차매매업자들이 일반인의 중고자동차를 매입하는 도매가격과 일반인이 중고자동차매매업자에서 중고자동차를 구입하는 소매가격은 어떻게 알 수 있을까요? 가장 손쉬운 방법은 지인 중에 중고자동차매매업자를 하는 분이 있다면 그분에게 전화를 하면 됩니다. 중고자동차매매업자에는 매월 자동차 시세가 제공되기에 지인인 중고자동차매매업자는 본인이 가지고 있는 자동차가 아니라도 대부분의 중고차매입시세를 알고 있습니다.

그런데 지인 중에 중고자동차매매업자가 없는 분들도 분명히 계실 것입니다. 그렇다고 해서 너무 걱정하실 필요가 없습니다. 여러분들도 필자와 같이 발연기를 하면 되기 때문입니다. 앞에서 필자는 경매 초보시절 빌라의 시세를 파악하려 중개업소에 방문해 손발이 오글거리는 발연기를 했다고 독자분들께 고백했습니다. 혼자만 알고 있어도 부끄러운데, 독자분들게 괜히 고백한 것이 아닙니다. 독자분들 역시 필자와 같은 발연기를 해야 되기 때문에, 부끄럽더라도 독자분들이 용기를 낼 수 있도록 고백한 것입니다. 그럼 부동산 경매와 자동차 경매의 차이점은 무엇일까요? 부동산 경매에서는 오프라인에서 중개업소를 방문해 사장님과 대면을 한 상태에서 발연기를 해야만 하는 상황입니다. 물론 전화통화로 발연기를 할 수도 있지만 유선상 정확한 정보를 습득한다는 것은 불가능하다는 것을 잘 알고 있기에 오프라인에서 중개업소를 방문할 수밖에 없습니다. 그런데 다행인 것은 자동차 경매는 굳이 오프라인에서 자동차매매상을 방문해 도매가격과 소매가격을 파악할 필요가 없습니다.

지금까지 배운 바와 같이 당해 자동차의 세부모델, 옵션내역, 연식, 주행거리, 색상, 외관상태 등만을 안다면 전화통화만으로도 80% 이상 정확한 도매가격과 소매가격의 파악이 가능합니다. 그런데 왜 100% 정확한 것이 아닌 80%만 정확한 것일까요? 그것은 당해 차량의 사고 내역을 아직 확인하지 못했기 때문입니다. 그래서 80% 이상만 파악이 가능한 것이고, 다음의 'Part 03 도전 사고 감별사(오프라인 물건 조사)'편에서 전달할 정보를 대입한다면 100% 정확한 도매가격과 소매가격의 파악이 가능하게 됩니다.

그러면 중고자동차매매업자와 통화를 할 때 어떻게 통화를 하면 될까요? 필자의 통화내역을 아래와 같이 스크립트로 만들어보았습니다. 시간이 나실 때마다 주위의 친구나 가족과 연습을 해보시길 적극 추천합니다.

'따르르르릉~~~~'

업자 : 네, ○○○○ 중고차입니다.

필자 : 안녕하세요. 인터넷 보고 전화 드리는데요. 사장님께서 제 차와 똑같은 자동차를 팔고 계셔서 한번 전화 드렸습니다. 회사에서 업무용 자동차를 지원해줘서 지금 타고 있는 개인용 자동차를 팔려고요.

업자 : 아~~~, 지금 타시는 차를 팔려고 하시나요? 차종, 연식은 어떻게 되나요?

필자 : 네, 2010년식 SM5입니다.

업자 : 세부모델과 색상은 어떻게 되나요?

필자 : 네, 흰색 Le 모델입니다.

업자 : 무사고 차량입니까? 사고차량입니까?

필자 : 네, 무사고 차량이구요. 주차하다가 실수로 앞부분을 전봇대에 충돌해 앞범버와 앞휀다만 교체했습니다.

업자 : 아, 그러세요. 그러면 제가 ○○○만 원까지 드리겠습니다.

필자 : ○○○만 원밖에 안 주시나요?

업자 : 네, 몇 군데 더 알아보시면 저보다 더 많이 준다고 하시는 분들도 있겠지만 막상 방문해보면 이것저것 트집을 잡으면서 금액을 인하할 것 입니다. 결국 그분들도 최종적으로는 저와 같이 ○○○만 원을 제시할 거예요.

소매가격을 알아보는 방법 역시 위의 스크립트를 활용해서 여러 분만의 스크립트를 만들어보시길 추천합니다. 그런데 여기서 중요한 부분은 처음 통화된 중고자동차매매업자가 일을 시작한 지 얼마 안 된 초보자이거나 아니면 비양심적인 분일 수도 있으니까 최소 3군데 이상의 중고자동차매매업자와 통화를 해보셔야 정확한 정보를 얻으실 수 있을 것입니다.

그런데 "나는 정말 체질적으로 발연기를 할 수 없어요!"라는 분들도 계실 것입니다. 그렇다 하더라도 너무 실망하실 필요는 없습니다. 지금 우리가 살고 있는 시대는 정보화시대입니다. 실망하실 시간에 컴퓨터 또는 스마트폰을 이용해서 포털사이트의 검색창에 자신이 원하는 정보를 검색하면 됩니다.

그러면 검색 단어는 어떻게 조합해야 가장 정확한 정보를 얻을 수 있을까요? 필자의 경우 '차종, 연식, 매입' 순으로 기재하고 검색을 합니다. 예를 들어 필자가 도매가격을 알고 싶은 자동차가 '르노삼성'의 2010년식 SM5 Le 모델일 경우 검색창에 'SM5 10년 매입'이라고만 기재 후 검색을 합니다. 그럼 질문과 답변을 하는 게시판에 이와 같은 자동차를 중고자동차매매업자에게 판매하려는 사람들이 올려놓은 질문들과 그에 대해 본인이 매입할 수 있는 도매가격을 제시하는 중고자동차매매업자의 답변을 쉽게 찾을수 있을 것입니다.

필자의 말을 믿지 못하신다면 지금 당장 포털사이트의 검색창에 'SM5 10년 매입'이라고 검색해보십시오. 단 여기서 주의해야 될 점은 최근 3개월 이내의 질문과 답변들만 확인을 해야지 1년 전 질문과 답변을 확인한다면, 그 정보는 1년 전의 도매가격이기에 여러분들에게 손실을 끼칠 수 있는 정보라는 것입니다.

2. 안성맞춤 입찰가격

자, 그러면 왜 도매가격과 소매가격을 확인하고 입찰해야 되는 것일까요? 소매가격이 왜 중요한지는 구체적으로 설명 드리지 않더라도 다들 잘 알고 계실 것입니다. 만약에 개인인 여러분들이 판매하는 중고자동차가 광택도 나고 수리도 된 중고자동차매매업자가 판매하는 중고차보다도 비싸다면 중고자동차를 구매하려는 소비자들은 경제논리에 따라 당연히 중고자동차매매업자들의 중고차를 선택할 것입니다. 따라서 독자분들이 낙찰받은 자동차는 당연히 중고자동차매매업자가 판매하는 시세보다 최소 50~100만 원가량 저렴하게 판매해야 경쟁력을 갖게 됩니다. 예를 들어서 중고자동차매매업자가 판매하는 소매가격이 1,000만 원인 A라는 자동차가 있다고 가정을 합니다. 그러면 우리는 이보다 50만 원 내지 100만 원가량 저렴한 900만 원 내지 950만 원에 판매를 해야 되고, 그러기 위해선 최소 900만 원 내지 950만 원에 낙찰을 받아야 본전이 된단 얘기입니다. 그런데 여기서 우리가 또 수익금액을 산정하기 위해서 계산에 포함시켜야 되는 것이 바로 약 7%가량의 이전비용입니다. 만약에 800만 원에 낙찰을 받았다 치면 약 56만 원 정도의 이전비용이 발생되기에 결과적으로 나의 투자 비용은 856만 원이 되는 것입니다. 이뿐만이 아닙니다. 낙찰받은 자동차의 배터리를 교체한다거나 또는 타이어를 교체하게 될 경우 오히려 적자를 보게 될 수도 있습니다. 즉 최소한 손해는 보지 않을 낙찰 가격을 산정하기 위해선 중고자동차매매업자가 판매하는 소매가격보다 50만 원 내지 100만 원 저렴한 가격에서 이전비용과 수리비용을 계산해야 된다는 것입니다. 그렇게 산정된 금액에서 내가 얻고자 하는 수익금액을 추가로 감가한다면 이 금액이 바로 나의 안성맞춤인 입찰금액이 되는 것입니다.

그런데 입찰금액을 산정하는 데 도매금액은 전혀 쓸모가 없는 것 같은데, 필자는 왜 귀찮게 도매금액까지 확인을 하라고 했을까요? 그것은 바로 낙찰될 확률을 높이기 위해서입니다. 다시 설명드리자면 소매가격보다 50만 원 내지 100만 원 저렴한 가격에서 이전비용과 수리비용을 제외한 것이 본전가격이고 이런 본전가격에서 여러분들의 수익을 제외한 금액이 안성맞춤 입찰금액입니다. 그런데 독자분들이 욕심을 부려 수익을 과하게 책정할 경우 과연 낙찰을 받을 수 있을까요? 장담컨데 도매가격보다 저렴하게 입찰금액을 산정한다면 낙찰받을 확률은 5% 미만일 것입니다. 물론 하늘이 도와 입찰 당일 차량에 입찰할 모든 경쟁자들이 배탈이 나거나 심한 감기몸살에 걸려 집밖으로 한발자국도 나올 수 없는 상황이 발생하거나 또는 폭설이 내려 도로 또는 대중교통이 통제 되어 경쟁자들이 입찰마감시간을 넘겨 법원에 도착한다면 굉장한 수익률을 올릴 수도 있을 것입니다. 그런데 냉정하게 생각을 해보십시오. 여러분들이 학생 시절 시험 전날 모두들 똑같은 상상을 해 보셨을 겁니다. 아직 완벽하게 시험공부를 끝내지 못했을 경우 단 며칠이라도 시간이 있다면 좋은 성적을 얻을 수 있을 것 같은데 정작 시험은 내일 아침 9시에 시작되고, 내일 아침 9시까지 불과 5시간여 남은 새벽4시에 '폭설 또는 폭우로 아침에 등교를 할 수 없는 상황이 발생 되어 시험이 연기된다면 정말 좋겠다!'라고 다들 상상해 보셨을 것입니다. 그렇게 상상하며 잠깐 눈을 붙인 사이 나도 모르게 잠이 들고 결국 시험공부를 끝내지 못한 상황에서 연필을 굴려가며 찍거나 또는 모르는 문제의 답을 3번으로 체크하던 기억들이 모두들 있을 것입니다. 경매도 마찬가지입니다. 여태껏 경험에 의하면 입찰당일 폭설로 교통이 통제되어 단독으로 입찰해 낙찰받고 고수익을 올린 행운은 단 한 번도 누릴 수 없었습니다. 옛 말이 틀린 말 하나도 없다는 필자의 어머님 말씀과 같이 '구슬이 서 말이라도 꿰어야 보배'입니다. 즉 30만 원이 남건 300만 원이 남건, 그건 여러분들이 낙찰을 받은 후의 얘기입니다. 그렇기에 패찰의 확률을 낮추기 위해서는 최소 도매가격보다는 50만 원 정도 비싸게 입찰을 해야 됩니다.

여기서 가장 중요한 점은 도매가격보다 50만 원 정도 비싸게 입찰금액을 산정해야 되는데 그 금액이 소매가격 대비 산정한 안성맞춤 입찰금액보다 비싸다면 그 차는 당연히 입찰에 참가하면 안 되는 물건입니다. 어차피 세상은 넓고 경매 물건은 많습니다. 그런데도 수익이 나지 않을 물건에 미련을 가지고 끝까지 입찰에 참가하는 것은 떠난 첫사랑에게 매달리는 것만큼 어리석은 짓을 하는 것입니다.

part 03

도전! 사고 감별사
(오프라인 물건 조사)

주요 용어만 알아도 반은 전문가다

앞 장에서는 온라인을 활용한 물건 조사 방법에 대해 살펴보았습니다. 온라인을 활용한 물건 조사 능력과 더불어 이번 장에서 살펴보게 될 오프라인 물건 조사 능력을 겸비하게 된다면 자동차 경매계의 천하무적이 될 것입니다.

중고차를 구매해보신 분들은 잘 아시겠지만, 중고차 구매 시 중고자동차매매업자가 당해 중고차의 '성능상태점검기록부'를 교부해줍니다. 이는 〈자동차관리법〉 제58조 제1항, 同法 시행규칙 제120조 제1항에 따라 중고자동차매매업자가 자동차를 매도 또는 매매의 알선을 하는 경우 매매 계약을 체결하기 전에 그 자동차의 매수인에게 서면으로 고지해야만 하기 때문입니다. 또한 '성능상태점검기록부'는 차량의 상태를 확인할 수 있을 뿐만 아니라 구매 후 보증까지 약속 받는 중요한 문서입니다. 다만 '성능상태점검기록부'의 유효기간은 점검일로부터 120일 이내입니다.

그런데 이런 '성능상태점검기록부'를 살펴보면 자동차에 관심 있는 일부 사람들을 제외하고는 도통 이해하기 힘든 자동차 전문용어들로 표기되어 있습니다. 자동차 전문용어들이 어려운 것은 비단 '성능상태점검기록부'뿐만이 아닙니다. 자동차를 수리하려 정비센터에 방문을 하더라도 정비기사가 교체를 권유하는 용어들이 어느 부위에 해당하는지 어려운 것은 마찬가지입니다.

이런 이유로 자동차에 대한 주요 용어만 알아도 반은 전문가라고 할 수 있습니다. 시간이 날 때 마다 아래 그림을 살펴보며 자동차의 부위별 명칭을 외워두시길 바랍니다. 자동차의 부위별 명칭만 명확하게 알고 있어도 반은 전문가가 되었다고 할 수 있습니다.

▼자동차 부위별 명칭

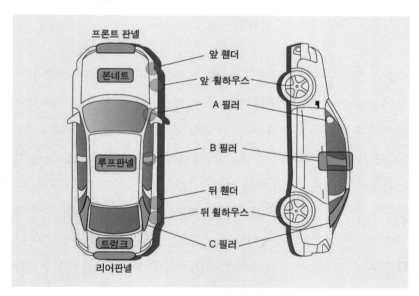

사고차 VS 무사고차

    중고자동차를 구매하려고 해보신 분들은 잘 아시겠지만, 동일한 차종이라고 해도 사고 여부에 따라 가격에 큰 차이가 있음을 알 수 있습니다. 따라서 입찰할 차량의 사고 여부는 입찰금액의 산정 또는 낙찰 후 판매를 할 때 중요한 요인이 됩니다.

    그런데 분명히 사고가 나서 수리를 한 차량임에도 어떤 차들은 무사고차라고 합니다. 이는 여러분들이 생각하는 사고차, 무사고차의 기준과 중고자동차매매업자가 생각하는 기준이 상이하기 때문입니다. 중고자동차매매업자들은 프레임이나 차체의 주요 부위를 절단 후 용접해서 교체해야만 사고차로 구분했고 범퍼, 도어, 앞휀더, 트렁크, 본네트 등 용접 없이 볼트를 풀어 교체할 수 있는 부분의 교체 또는 판금은 무사고차의 범주에 포함시켰습니다. 반면 구매자인 소비자들은 범퍼, 도어, 앞휀더, 트렁크, 본네트 등이 교체되면 사고차로 간주했고, 이런 의견차로 인해 사고차를 무사고차로 팔았다며 구매자인 소비자들이 판매자인 중고자동차매매업자들을 상대로 많은 민사소송이 제기된 바 있었습니다.

그런 이유로 '한국중고자동차문화포럼'에서는 판매자와 구매자의 분쟁을 줄이기 위해 국·내외 실정들을 고려해 중고차를 크게 사고차, 무사고차, 수리차 등의 세 가지로 분류했으며 각 분류에 대해 개념을 정리하고 정의를 내렸습니다. 따라서 사고차, 무사고차, 수리차에 따라 입찰금액도 달리해야 되고 판매금액도 달라질 것이기에 '한국중고자동차문화포럼'에서 정의한 사고차, 무사고차, 수리차의 개념을 살펴보도록 하겠습니다.

• 사고차
교통사고나 재해로 골격 등에 결함이 생기거나, 수리나 복원 경력이 있어 안전에 영향을 주는 자동차. 안전에 지장을 주는 용접부위의 수리는 사고차로 간주함.

• 수리차
안전에 영향을 주지 않는 부위의 단순 교환과 수리, 도장이 있었던 자동차

• 무사고차
단순 수리도 없는 완전 무사고 자동차를 말하며 모든 부위에 교환, 도장, 용접이 이루어지면 무사고차라 할 수 없음.

한 권으로 끝내는
자동차 경매

모든 비밀은 볼트에 숨어 있다

범퍼, 본네트, 앞휀더, 도어, 트렁크 등을 교체하기 위해서는 볼트를 풀어야만 합니다. 그런데 볼트를 풀기 위해선 어느 정도의 압력이 가해지기에 범퍼, 본네트, 앞휀더, 도어, 트렁크 등의 교체를 위해 볼트를 푼다면 볼트의 도색이 벗겨지거나 또는 볼트의 모서리 부분에 흠집이 생기게 됩니다. 그런 이유로 차체와 범퍼, 본네트, 앞휀더, 도어, 트렁크를 연결하는 볼트만 잘 살펴보더라도 해당 부위의 교체 여부를 확인할 수 있습니다. 그럼 먼저 교체를 하지 않은 정상적인 볼트 모양을 보여드리겠습니다.

▼수리를 하지 않은 정상 볼트

정상볼트의 사진을 살펴보니 볼트의 칠이 벗겨진 부분도 없고 모서리 부분에 흠집 또한 없습니다.

그러면 이번에는 교체를 하려 볼트를 풀다가 도색이 벗겨지거나 도는 모서리에 흠집이 생긴 볼트를 보여드리겠습니다.

▼교체를 위해 풀은 비정상 볼트

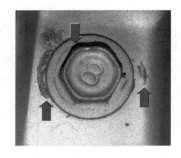

화살표 방향을 살펴보면 볼트를 풀다가 주위에 흠집이 생기거나 또는 볼트의 모서리부분이 파인 것을 확인할 수 있습니다. 이런 경우 해당 부위의 교체를 위해 100%, 볼트를 풀었다는 것이 됩니다.

▼트렁크 교체 차량의 볼트

이번에는 트렁크를 교체한 차량의 볼트사진입니다. 역시 화살표 방향을 살펴보면 볼트를 풀기 위해 주위에 흠집이 생기고 볼트의 칠이 벗겨져 있음을 알 수 있습니다.

그러면 볼트는 어디서 확인을 할 수 있는 것일까요? 먼저 앞휀더의 교체 여부를 확인할 수 있는 볼트 부위를 알려드리겠습니다. 다음의 엔진룸 사진 중 동그라미 부위에 있는 볼트가 도색이 벗겨졌다거나 흠집이 있다면 100%, 앞휀더를 교체한 차량입니다. 보통 차종마다 약간씩 상이하지만, 평균 한쪽에 서너 개 정도의 볼트가 있을 것이니 잘 살펴보십시오.

한 권으로 끝내는
자동차 경매

▼앞휀더 체결 볼트(엔진룸)

▼앞휀더 체결 볼트(앞도어)

그리고 옆 그림과 같이 앞도
어를 열어보면 네모칸 안에 숨
어 있는 앞휀더 체결볼트를 하
나 더 발견할 수 있을 것입니
다. 차종마다 체결 부위가 약간
씩 틀리지만 앞도어를 활짝 열
어보면 쉽게 찾을 수 있을 것
입니다.

본네트의 교체는 다음 사진 동그라미의 볼트를 살펴보면 됩니다.

▼본네트 체결 볼트

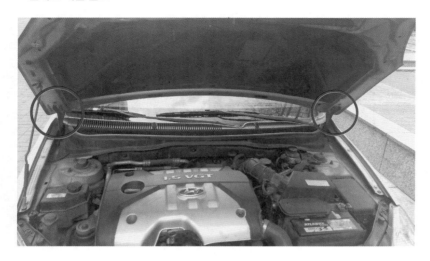

트렁크 역시 트렁크를 열고 아래 사진 동그라미의 볼트를 살펴보면 됩니다.

▼트렁크 체결 볼트

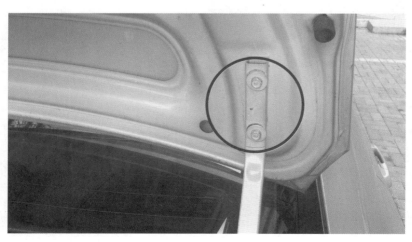

마지막으로 도어의 교체 여부는 최대한 문을 활짝 열고 아래 사진 동그라미의 볼트를 살펴보면 교체 여부를 알 수 있습니다.

▼도어 체결 볼트

▼도어를 교체한 볼트 확대사진

이 책을 읽고 계신 모든 분들은 지금 당장 주차장으로 내려가 본네트, 문, 트렁크를 열고 볼트를 살펴보시길 바랍니다. 그러면 쉽게 이해가 되실 것입니다.

자동차의 척추 휠하우스

　사람에겐 척추가 정말 중요하듯이 자동차에게는 휠하우스가 중요합니다. 그런 이유로 전면부위에 사고가 커서 휠하우스를 교체한 중고자동차는 제값을 받을 수가 없습니다. 휠하우스는 인사이드패널과 같이 자동차의 척추라고 할 수 있는 중요 부품입니다. 따라서 사고의 충격으로 자동차 골격에 변형이 생기면 판금을 하거나 심한 경우 변형된 부위를 절단 후 신품으로 용접해 붙이는 작업을 하게 됩니다.

　그러면 휠하우스는 어느 부위일까요. 다음 사진의 동그라미 부분이 바로 휠하우스입니다.

▼ **휠하우스(외부)**

　그런데 전면부위에 어느 정도의 충격이 있어야 휠하우스를 수리하게 될까요. 다음 사진을 보시면 이해가 빠르실 겁니다.

▼휠하우스 사고 차량

　위의 사진을 살펴보더라도 휠하우스를 수리한 경우 정말 큰 사고가 발생했었다는 것을 알 수 있습니다. 그러면 휠하우스의 수리 여부는 어떻게 확인이 가능할까요. 다음 사진과 같이 본네트를 열고 엔진룸 내의 동그라미 부분을 살펴보면 휠하우스의 수리 여부를 알 수 있습니다.

▼휠하우스(엔진룸)

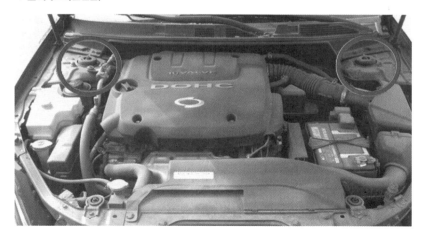

앞 사진의 동그라미 부분은 제조 시 철판을 접어 용접을 하는 부분으로 용접 시 제조사에서는 용접부위에 물이 새들어가 부식이 되는 것을 방지하려 실리콘으로 실링 처리를 하게 되는데, 제조사에서의 실링은 컴퓨터가 제어하는 로봇이 담당해 실링처리가 매우 정교할 뿐더러 실리콘 또한 단단한 재질을 사용합니다.

그런데 휠하우스를 수리할 경우 로봇이 아닌 사람이 실링을 하기에 육안으로 보더라도 바로 확인이 가능하며, 심지어 용접부위에 실링을 하지 않는 경우도 허다합니다. 다음 사진의 화살표가 실리콘 실링부분으로, 휠하우스의 수리 여부를 확인하려면 실링을 손톱이나 볼펜 끝부분으로 눌러보면 됩니다. 보수용 실링은 탄력이 떨어져 손톱이나 볼펜 끝부분으로 눌렀을 경우 실리콘이 터지거나 떨어진다면 100%, 보수용 실링이라고 판단하시면 됩니다.

▼휠하우스 실리콘 실링(1)

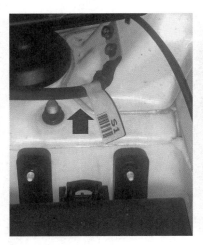

▼휠하우스 실리콘 실링(2)

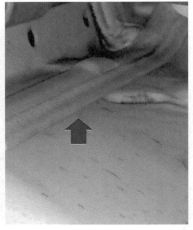

A필러, B필러, C필러는 무엇일까?

중고차 구매 시 A필러, B필러, C필러를 수리한 자동차는 가급적 선택하지 않으시길 조언합니다. 자동차에 관심 있는 몇몇 분들은 A필러, B필러, C필러라고 들어 보셨을 겁니다. 그런데 대부분 A필러, B필러, C필러가 무엇인지 잘 모르실 겁니다. 하지만 아래 그림을 살펴보시면 A필러, B필러, C필러가 무엇인지 쉽게 아실 수 있을 겁니다.

▼A필러, B필러, C필러

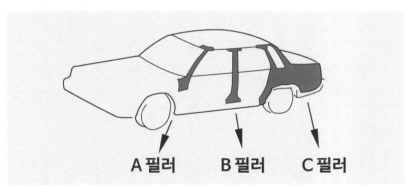

[출처 : 자동차용어사전편찬회, 2012.5.25., 일진사]

다들 A필러, B필러, C필러가 어디인지 쉽게 아셨을 겁니다. 그런데 A필러, B필러, C필러의 사고 여부가 왜 중요할까요? 그것은 바로 A필러, B필러, C필러가 탑승자의 생명과 즉각적으로 연결되는 중요 부위이기 때문입니다. 가령 자동차가 전복되었을 경우 A필러, B필러, C필러가 전복된 자동차의 하중을 이겨낼 수 없다면 탑승자들은 전복과 동시에 처참한 모습으로 즉사할 수밖에 없을 것입니다. 그런 이유로 제조사는 설계 시부터 A필러, B필러, C필러의 강도를 중요하게 생각합니다. 다음 그림은 '미국 고속도로 안전보험 협회'의 '충돌테스트(small overlap IIHS crash test)' 자료입니다. 사고 시 강한 충격에도 A필러, B필러, C필러가 충격을 버텨내야만 탑승자의 생명을 보호함을 살펴볼 수 있습니다.

▼IIHS의 small overlap test

[출처 : www.iihs.org]

A필러, B필러, C필러가 중요한 이유와 관련해 오픈카의 예를 들어보면 오픈카는 A필러만 있고 B필러, C필러가 없습니다. 그래서 오픈카는 전복 시 A필러만으로 전복된 자동차의 하중을 버텨내야만 탑승자의 생명을 보호할 수 있습니다. 그런 이유로 오픈카는 일반 승용차보다 개발이 힘들고 가격 또한 비쌉니다.

이제 독자 분들도 A필러, B필러, C필러의 중요성에 대해서 충분히 이해하셨을 겁니다. 그런데 A필러, B필러, C필러를 수리한 자동차는 왜 피해야만 할까요? 먼저 IIHS의 small overlap test에서 살펴본 바와 같이 A필러, B필러, C필러의 수리를 요할 정도의 사고라면 사상사고까지 발생했을 수 있는 대형사고가 발생된 자동차일 확률이 높습니다. 그리고 A필러, B필러, C필러의 수리 시 절단을 하고 용접을 하는 경우가 많습니다. 그런데 아무리 튼튼하게 용접을 했더라도 수리를 하지 않은 경우보다는 강성이 많이 떨어지게 됩니다. 그런 이유로 탑승자의 생명과 직결되는 A필러, B필러, C필러 수리차량의 입찰은 권유하지 않습니다.

그러면 A필러, B필러, C필러의 사고 여부는 어떻게 확인이 가능할까요? 아래 순서대로 확인해보면 그리 어려운 것이 아닙니다.

① 앞도어와 뒷도어의 고무몰딩 탈거

아래 사진과 같이 도어를 오픈한 상태에서 고무몰딩을 탈거하시면 됩니다. 앞도어와 뒷도어의 고무몰딩 탈거 방법은 동일합니다.

▼도어 고무몰딩

▼도어 고무몰딩 탈거

② 동그란 모양의 스폿 용접자국 확인

도어 고무몰딩을 탈거하면 동일한 간격으로 동그란 스폿 용접자국을 확인할 수 있습니다. 스폿 용접이란 철판들을 중첩해 용접기계에 끼운 후 압력을 가해 접합하는 용접방식이기에 외부에서 수리 시 스폿 용접이 불가능합니다. 따라서 고무몰딩을 벗긴 후 아래 사진과 같이 동일한 간격으로 동그란 스폿 용접을 발견 할 수 있다면 A필러, B필러, C필러를 수리하지 않은 차량입니다.

▼스폿 용접자국

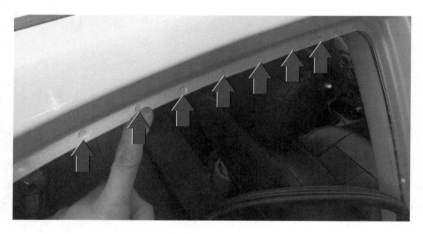

다음 사진은 A필러를 수리한 차량으로 화살표 방향을 살펴보면 있어야 할 스폿 용접자국이 보이질 않고 심지어 찌그러진 부위를 망치로 뚜들겨 폈는지 울퉁불퉁하고 깨져 있는 모습을 살펴볼 수 있습니다.

▼A필러를 판금한 것으로 예상

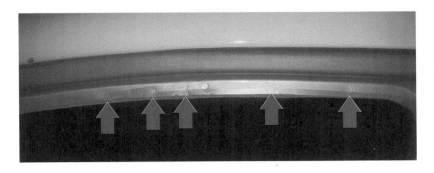

　또 다음 사진은 B필러를 수리한 차량으로 손가락이 가리키는 방향을 살펴보면 있어야 할 스폿 용접자국이 하나도 보이질 않습니다. 이 차의 경우 B필러의 판금이 불가해 B필러의 절단 후 다른 B필러를 용접해 붙인 것으로 판단됩니다.

▼B필러를 절단 후 용접해 교체한 것으로 예상

역시 다음 사진은 C필러를 수리한 차량으로 손가락이 가리키는 방향을 살펴보면 역시 있어야 할 스폿 용접자국이 하나도 보이질 않습니다. 이 차의 경우 C필러의 판금이 불가해 C필러의 절단 후 다른 C필러를 용접해 붙인 것으로 정말 큰 사고가 발생되었던 차량으로 판단됩니다.

▼C필러를 절단 후 용접해 교체한 것으로 예상

사고 감별의 기본, 틀린 그림 찾기

지금까지 볼트 및 스폿 용접자국을 확인해 교체 여부를 확인하는 방법 등을 알려드렸습니다. 그런데 막상 차량보관소에서 점검을 할 때 이 책에서 살펴본 내용이 잘 기억나지 않는다면 마음속에 아래 사진과 같이 자동차의 정중앙에 가상의 선을 그은 뒤 왼쪽과 오른쪽의 차이점을 비교해보시길 바랍니다. 예를 들면, 왼쪽의 볼트는 멀쩡한데 오른쪽의 볼트에 흠집이 있다거나, 왼쪽에는 스폿 용접자국이 있는데 오른쪽에는 스폿 용접자국이 없다거나, 틀린 그림 찾기와 같이 왼쪽과 오른쪽에 틀린 그림이 있다면 그 부분은 교체가 된 것입니다.

▼**틀린 그림 찾기**

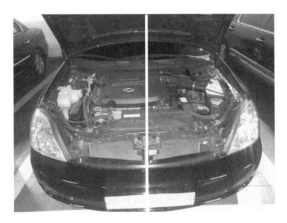

선입견을 버려라,
후면 사고가 더 위험하다

중고차를 구매하려는 많은 분들이 후면에 발생한 사고는 크게 신경을 쓰지 않는 듯합니다. 그런데 이는 잘못된 상식입니다. 속칭 '삼박자' 사고라 불리는 양쪽 앞휀더, 본네트, 프론트패널을 교체한 앞부분 사고차량은 성능도 좋지 않을 뿐더러 가격 감가도 크겠지만, 그 외 단순하게 본네트만을 교체하거나 또는 앞휀더만을 교체한 전면부위 사고 자동차와 뒷휀더를 교체한 후면부위 사고 자동차 중 하나를 선택하라고 한다면 필자는 주저 없이 전면부위 사고 자동차를 택할 것입니다.

후면사고가 왜 더 좋지 않은지 설명해드리겠습니다. 예전 중고자동차매매업자들이 범퍼, 본네트, 앞휀더, 문, 트렁크 등을 교체한 자동차를 무사고차의 범주에 포함시켰다고 말씀드렸습니다. 그러면 왜 중고자동차매매업자들은 범퍼, 본네트, 앞휀더, 문, 트렁크 등을 교체한 자동차들을 무사고차의 범주에 포함시켰던 것일까요? 그 이유는 바로 범퍼, 본네트, 앞휀더, 문, 트렁크 등은 별도의 절단 또는 용접 작업 없이 볼트만을 풀어 교체가 가능한 부위이기 때문입니다.

뒷휀더의 경우 앞휀더와 다르게 지붕 등 차체와 연결되어 있는 주요 골격부위입니다. 앞휀더의 경우 볼트 몇 개만 풀면 교체가 가능하지만 뒷휀더를 교체하려면 교체할 부위를 절단하고 새로운 뒷휀더를 기존의 차체에다가 용접을 해야만 합니다. 그런데 절단과 용접은 사람이 하는 작업이다 보니 컴퓨터가 작업한 것과 같이 100% 정확할 수 없기에 아주 적은 정도라 할지라도 오차는 발생하게 될 것입니다.

미세한 오차의 경우 저속으로 운행 시 차량성능에 크게 지장이 없을 수도 있습니다. 하지만 오차는 자동차의 운행속도와 비례하여 커지기에, 고속 운행 시 핸들 떨림 또는 직진성능 저하 등 많은 문제가 발생하게 될 것입니다.

이런 이유로 후면부위 사고라고 해서 너무 안심하지 말고 트렁크나 뒷범퍼 등 절단 또는 용접 작업 없이 볼트만으로 교체가 가능한 부위를 수리한 것인지 아니면 절단 또는 용접 작업으로 수리를 한 차량인지 꼼꼼하게 살펴볼 필요가 있습니다.

chapter
08

오감을 활용하라

　시각(視覺), 청각(聽覺), 후각(嗅覺), 미각(味覺), 촉각(觸覺)을 예로부터 오감이라 했으며 자동차를 점검할 때 오감을 활용해야 합니다. 아니 엄밀히 말하면 미각을 제외한 4감을 활용해야 합니다.

　시각은 외관을 살펴볼 때 집중적으로 활용해야 하고, 청각은 시동을 걸은 후 엔진에서 나는 소리 또는 잡소리 등을 파악하기 위하여 최대한 활용해야 합니다. 촉각 또한 도장 상태나 이음새 부분 등을 파악할 때 활용하면 됩니다.

　그러면 후각은 어디에 사용할까요? 냄새별 증상은 아래와 같으니 참고 바랍니다.

* 종이 타는 냄새 : 브레이크페드 또는 라이닝의 비정상적 마모
* 기름 타는 냄새 : 엔진오일 누유
* 달달한 냄새 : 냉각수 누수
* 휘발유 냄새 : 연료 누수
* 고무 타는 냄새 : 전기 배선 이상

이순신 장군님 만만세(타이어 살펴보기)

　많은 분들이 어렸을 적 우리나라 최고의 위인을 이순신 장군으로 뽑았을 것입니다. 최근에는 이순신 장군을 주인공으로 한 영화가 흥행에 성공했습니다. 이처럼 우리 역사에서 이순신 장군님은 빼놓을 수 없는 위인 중 한 분입니다. 그런데 이순신 장군님은 우리네 경매에서도 큰 도움을 주고 계십니다. 그것은 바로 이순신 장군님을 모델로 한 100원짜리 동전을 이용해서 타이어의 잔여 트레이드를 확인 할 수 있습니다. 초보자들이 쉽게 간과하는 부분이 타이어의 잔여 트레이드를 확인하지 않는데, 타이어를 교체해보신 분들은 잘 아시겠지만 앞뒤 모두 4짝의 타이어를 교체하게 될 경우 최소 50만 원 이상의 비용을 지출하게 되며 이는 고스란히 낙찰자의 수익률을 감가시키는 중요 요인 중 하나입니다.

　그렇다면 잔여 트레이드를 확인하는 방법을 알려드리겠습니다. 먼저 다음 사진과 같이 타이어를 최대한 오른쪽 내지 왼쪽으로 돌려주십시오. 그리고 화살표가 가리키는 홈에 100원짜리 동전을 이순신 장군님의 감투가 아래로 가게 해서 삽입해보십시오.

▼타이어 트레이드 확인(1)

　100원짜리 동전을 이순신 장군님의 감투가 아래로 가게 해서 옆 사진 화살표 부분에 삽입해본 결과 이순신 장군님의 감투가 ①번 실선 이상 보인다면 즉시 교체가 필요한 타이어로 입찰 시 타이어 교체비용을 염두에 두고 입찰가를 선정해야 합니다. ②번 실선 이상 보인다면 그래도 상당 기간은 탈수 있는 타이어로, 맘 편하게 입찰해도 됩니다.

▼타이어 트레이드 확인(2)

part 04

법원 자동차 경매 집중탐구

필자가 법원에 방문할 때마다 법정에서 나오시는 어르신들이 "정말 법원은 살면서 와서는 안 되는 곳이야"라는 말씀을 하는 것을 심심찮게 듣습니다. 그 어르신들이 원고인지 피고인지는 모르겠지만 변호사를 선임하지 않고 직접 소송을 수행하려면 여러 면에서 스트레스를 받게 되실 것입니다. 물리적으로 힘든 것뿐만이 아니라 억울한 일을 당해 손해배상을 청구하는 원고의 입장에서건 또는 원고의 주장이 사실과 다름에도 달리 입증을 할 방법이 없는 피고의 입장에서건 그 정신적 스트레스 또한 만만치 않을 것입니다. 그런 이유에서 어르신들이 법원은 살면서 가봐서는 안 되는 곳이라고 말씀을 하시는 듯 합니다.

그러나 여러분들이 법원의 자동차 경매에 도전하기 위해선 법원을 살면서 가면 안 되는 곳으로 생각하시면 안 되고, 죽기 전에 꼭 한번 법원에 가보기를 독자분들의 '버킷 리스트(bucket list)'에 기재하시길 추천해드립니다. 그러기 위해선 먼저 여러분들이 법원에 대한 막연한 두려움을 갖지 않도록 법원 자동차 경매에 대해 집중적으로 설명드리겠습니다.

유료사이트는 꼭 필요한가?

경매에 대해서 어느 정도의 지식이 있는 분들은 경매가 진행 중인 물건을 어디서 어떻게 조사해야 되는지 알고 계실 것입니다. 그런데 이 책을 읽고 처음으로 경매에 대해 알게 되신 분들은 경매를 어디서 어떻게 조사해야 되는지 막막하실 것입니다. 경매 진행 정보는 다음그림과 같이 포털사이트의 검색창에 '법원경매정보'라고 검색을 하면 대법원에서 제공하는 법원경매정보를 확인 할 수 있으며 대법원경매정보의 홈페이지 주소는 'http://www.courtauction.go.kr/'입니다.

▼법원경매정보 검색 방법

사이트

<u>대법원 **법원경매정보**</u> www.courtauction.go.kr 공식
ㄴ 경매공고 | 경매지식 | 이용안내 | 매각통계
매각공고, **경매**물건 열람, **경매**절차, **경매**서식 및 용어, 법률 **정보** 제공.
⚠ robots.txt에 의해 웹수집 정보를 표시할 수 없습니다. <u>안내보기</u>

이와 같은 경로로 대법원에서 제공하는 사이트에 접속할 수 있으며, 법원경매정보사이트의 메인 화면은 아래 그림과 같습니다. 대법원경매정보의 메인페이지에서 ①의 네모칸을 클릭해 '경매물건'을 검색하는 방법도 있고, ②의 네모칸을 클릭해 '빠른물건검색'으로 검색하는 방법도 있고, ③의 네모칸을 클릭해 '용도별 물건정보'로 검색하는 방법도 있습니다.

지금 당장 컴퓨터의 전원을 키고 법원경매정보사이트에 접속한 후 물건들을 검색해 보시길 바랍니다. 이용자가 편리하게 사용할 수 있는 사이트의 구성에 감탄을 금치 못 할 것입니다.

▼법원경매정보 메인페이지

[출처 : 대법원 법원경매정보 홈페이지 www.courtauction.go.kr]

또한 다음 그림과 같이 대법원경매정보 메인페이지 상단에 위치한 '경매 지식(아래 그림 네모칸 부분)'을 클릭하면 법원경매의 경매절차, 경매용어, 경매서식, 입찰안내, 매수신청대리인, 경매 비용, 관련법률에 대한 정보를 얻을 수 있습니다.

▼법원경매정보의 경매 지식

[출처 : 대법원 법원경매정보 홈페이지 www.courtauction.go.kr]

그런데 법원경매정보사이트에서 얻을 수 있는 정보들은 경매 물건과 관련해 가중 중요한 기본적인 정보들만 제공되고, 각종 공부들은 입찰자가 별도로 열람해야 하며, 입찰자가 스스로 당해 물건의 배당금액, 배당순위, 매수인에게 인수되는 대항력 또는 우선 변제권이 있는 임차인의 임차보증금, 가처분 등 매각허가에 의해 효력이 소멸되지 않는 권리 또는 매각허가에 의해 설정된 것으로 보는 지상권 등에 대해 권리분석을 해야만 합니다. 그런데 권리분석을 하기 위해선 〈민사집행법〉과 〈민법〉의 변제충당, 그 외 배당과 관련한 〈주택임대차보호법〉, 〈상가임대차보호법〉 등의 여러 특별법을 공부해야 하며 심지어는 경매와 전혀 상관이 없어 보이는 〈근로기준법〉까지도 공부를 해야 합니다.

이와 같은 이유로 부동산 경매 건 자동차 경매 건 처음 경매에 입문한 분들이 필자에게 가장 많이 하는 질문 중 세 손가락 안에 꼽을 수 있는 것이 바로 "유료사이트 가입은 꼭 필요한가요?"라는 질문입니다. 필자 역시 경매 초보 시절 유료사이트에 꼭 가입해야 하나 많은 고민을 했었습니다. 고민을 하게 된 가장 큰 이유는 바로 1년에 100만 원에 육박하는 가입비였습니다. 그래서 유료사이트 가입비를 아낄 요량으로 경매법정 앞에서 나눠주는 1일 무료 체험 쿠폰을 요긴하게 사용했던 기억이 떠오릅니다. 그런데 지금 생각해 보니 필자의 그런 행동은 정말 바보 같았습니다. 돈을 벌기 위해선 투자가 당연히 선행되어야 합니다. 보다 많은 월급을 받을 수 있는 회사에 취직하기 위해 어학연수도 다녀오고, 유명한 대학에 입학하려 초등학교부터 투자를 해야 합니다. 사업을 하려 해도 많은 돈을 투자하게 됩니다. 하다못해 조그만 식당을 운영하려 해도 임대차보증금, 인테리어비용 등으로 수억 원을 투자하게 됨에도 필자는 경매 초보 시절 도둑놈 같은 심보로 어떠한 투자도 없이 수익을 올리려고 했었던 것입니다.

지금 필자는 여러 개의 유료사이트를 이용하고 있습니다. 필자처럼 여러 개의 유료사이트를 이용할 필요까진 없으나 최소 한 개 이상의 유료사이트는 이용할 것을 권합니다. 낙찰을 받기 전에는 유료사이트의 가입비가 정말 비싸다고 생각을 했는데, 처음 낙찰을 받고 수익을 얻고 나서는 오히려 유료사이트의 가입비가 저렴하다고 생각으로 바뀌었습니다. 유료사이트를 한 달만 제대로 활용해도 100만 원에 육박하는 1년 가입비를 찾을 수 있기 때문입니다.

부동산 경매를 조금 과장해 예로 들어보겠습니다. 필자의 경우 1건의 물건을 낙찰받기 위해선 평균 10건의 물건에 입찰을 하고, 10건의 물건에 입찰을 하기 위해선 평균 100건의 물건에 대해 현장을 조사하고, 100건의 물건을 현장조사 하기 위해선 1,000건의 물건에 대한 기초조사가 필요합니다. 즉 1건의 물건을 낙찰받기 위해서 1,000건의 물건에 대해 부동산등기부등본을 열람하고 또한 해당 물건의 관할 주민센터에 방문해 해당 물건의 전입세대 열람을 신청해야만 합니다. 그 비용도 비용이거니와 관할 주민센터에 방문해서 잃게 되는 기회비용까지 따져본다면 유료사이트의 가입으로 얻게 될 이익은 이루 말할 수 없을 정도로 많을 것입니다.

자동차 경매는 부동산 경매보다 더 큰 혜택을 유료사이트에서 얻을 수 있습니다. 자동차 경매 역시 1건을 낙찰받기 위해 10건의 물건에 입찰하고, 10건의 물건에 입찰하기 위해서 차량보관소에 방문해 100건의 물건을 조사하고, 차량보관소에서 100건의 물건을 조사하기 위해서는 1,000건의 물건에 대한 자동차 등록원부와 카히스토리의 중고차 사고이력정보보고서를 열람해야 됩니다. 물론 자동차 등록원부는 무료로 열람이 가능하다 하더라도 카히스토리의 중고차 사고이력정보보고서는 부가세를 포함해서 건당 2,200원을 지불하게 됩니다. 이를 절약하더라도 유료사이트의 이용료 본전은 뽑고도 남을 것입니다.

유료사이트 활용은 이렇게

현재 경매 관련 서비스를 제공 중인 유료사이트의 개수는 헤아릴 수가 없습니다. 각 유료사이트마다 장단점이 있습니다. 어떤 유료사이트는 이용요금이 비싼 대신 상세한 정보들을 제공하고, 반대로 어떤 유료사이트는 이용요금이 저렴한 대신 중요 정보들이 누락되는 경우가 있습니다. 각 사용자에 따라 호불호가 나뉘겠지만 필자의 경우 자동차 경매와 관련해서는 '굿옥션'을 추천해드리고 싶습니다. 굿옥션은 아래그림과 같이 포털사이트 검색창에 '굿옥션'이라고 검색하면 되며 굿옥션의 홈페이지 주소는 'http://www.goodauction.com/'입니다.

▼굿옥션 검색 방법

사이트

굿옥션 www.goodauction.com
ㄴ 커뮤니티 | 경매검색 | 공부방 | 상담실 | 고객센터
법원 경매정보, 부동산, 공매정보, NPL, 부실채권.

굿옥션 홈페이지의 메인화면은 다음과 같습니다.

▼굿옥션 메인화면

[출처 : 굿옥션 홈페이지 http://www.goodauction.com/]

1. 일일무료체험해보기

1년간 전국 법원의 모든 물건에 대한 서비스를 제공받을 경우 이용요금은 926,000원입니다. 그래서 가입이 다소 망설여질 수도 있을 것입니다. 그런 독자분들은 먼저 다음 그림의 네모칸을 클릭하여 일일 동안 무료로 굿옥션의 서비스를 이용해보시길 추천합니다.

▼굿옥션 일일무료체험

[출처 : 굿옥션 홈페이지 http://www.goodauction.com/]

위의 자료와 같이 네모칸을 클릭하면 다음과 같은 화면으로 이동되며 아래와 같은 순서로 일일무료체험을 이용할 수 있습니다.

- 개인정보 수집 및 이용안내를 필독 후 개인정보 수집 및 이용에 동의할 경우 ①의 □를 클릭하세요.
- ②의 밑줄 부분에 본인 명의의 휴대폰 번호를 입력해주십시오.
- ③의 밑줄 부분을 클릭해서 인증번호를 받으십시오.
- 굿옥션에서 인증 받은 본인의 휴대폰으로 문자를 보낸 인증번호를 ④의 밑줄 부분에 기재하십시오.
- ⑤의 밑줄 부분을 클릭해서 로그인해주십시오.

이와 같은 절차만으로도 일일무료체험을 이용할 수 있으며 24시간 안에 다시 사용할 경우 홈페이지의 【경매정보 일일무료체험하기】버튼을 클릭해서 인증번호만 입력 후 로그인하면 됩니다.

▼굿옥션 일일무료체험 방법

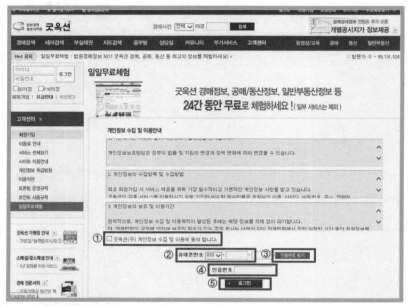

[출처 : 굿옥션 홈페이지 http://www.goodauction.com/]

일일무료체험 후 꼭 가입이 필요하다고 생각되는 분들은 회원가입을 하면 됩니다. 그런데 자동차 경매만을 시작하실 분들은 굳이 부동산 경매에 대한 서비스 이용요금이 포함된 926,000원의 이용료를 납부하지 않으셔도 됩니다. 자동차 경매만 서비스를 제공하는 상품이 존재하며 가격 또한 부동산 경매 대비 월등히 저렴합니다. 가격은 다음과 같으며 12개월 이용요금을 납부할 경우 실제 월

간 이용요금은 점심에 커피만 몇 번 마시지 않아도 되는 19,500원
에 불과합니다.

- 1개월 이용요금 : 30,000원
- 3개월 이용요금 : 76,000원
- 6개월 이용요금 : 134,000원
- 12개월 이용요금 : 234,000원

2. 자동차 경매 검색 방법

이제 회원가입까지 완료했다는 가정 하에 굿옥션의 자동차 경매
검색 방법에 대해 알려드리겠습니다. 먼저 굿옥션의 메인페이지 상
단에서 다음 그림 네모칸의 '테마검색'을 클릭해주십시오.

▼굿옥션 자동차 경매 검색 방법(테마검색)

[출처 : 굿옥션 홈페이지 http://www.goodauction.com/]

테마검색을 클릭하면 다음 화면으로 이동되며 그 후 '중장비/차량'을 클릭하면 됩니다.

▼굿옥션 자동차 경매 검색 방법(중장비/차량 검색)

[출처 : 굿옥션 홈페이지 http://www.goodauction.com/]

이제부터는 본격적으로 자동차 경매 물건을 검색 할 수 있는 화면으로 변경되었습니다. ① 네모칸에서는 법원별, 감정가격별, 최저가격별, 보관장소별, 차량모델별 등등 상세하게 물건을 검색할 수 있습니다. 예를 들어 우리 동네에 보관 중인 경매 자동차만을 검색하고 싶으시면 '보관장소' 칸에 우리 동네를 클릭하면 됩니다.

② 네모칸에서는 보다 쉽게 제조사별(국산차 및 수입차) 또는 차종

별 검색이 가능합니다.

▼굿옥션 자동차 경매 검색하기

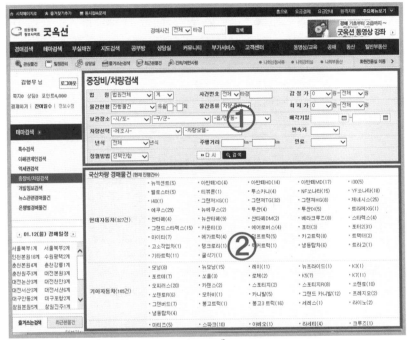

[출처 : 굿옥션 홈페이지 http://www.goodauction.com/]

①의 방법 또는 ②의 방법으로 검색을 하면 검색 조건과 같은 자동차 경매 물건들을 살펴볼 수 있습니다. 예를 들어 ②의 방법으로 제조사 'BMW'를 클릭하면 다음 그림과 같이 경매 진행 물건 중 BMW에서 제조한 모든 경매 진행 자동차가 검색되며 살펴볼 물건들을 하나, 하나 클릭하면 해당 자동차 경매 물건에 대해 자세하게 살펴볼 수 있습니다.

▼굿옥션 자동차 경매 검색하기

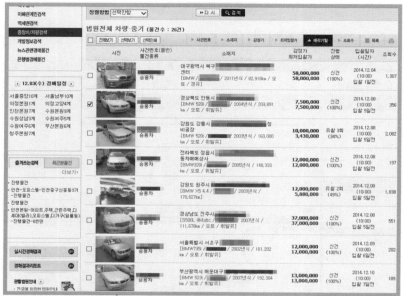

[출처 : 굿옥션 홈페이지 http://www.goodauction.com/]

3. 굿옥션 활용하기

　이제 굿옥션에서 자동차 경매를 검색하는 방법도 알았으니 본격적으로 굿옥션에서 제공하는 서비스를 활용하는 방법에 대해 안내 드리겠습니다. 위에서 살펴본 방법으로 자동차 경매 물건을 검색하면 다음과 같은 화면이 나옵니다.

▼굿옥션 자동차 경매 검색하기

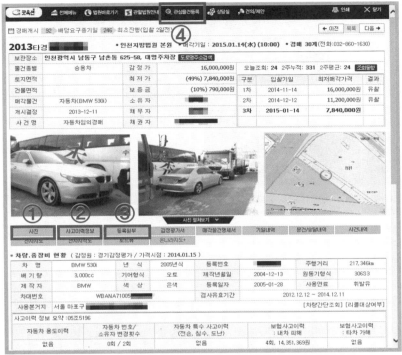

[출처 : 굿옥션 홈페이지 http://www.goodauction.com/]

    위 화면에서 중요한 기능들은 ① 네모칸의 '사진', ② 네모칸의 '사고이력정보', ③ 네모칸의 '등록원부', ④ 네모칸의 '관심물건등록'으로 각 세부 정보는 아래와 같습니다.

① '사진' 클릭

    굿옥션에서 직접 보관장소에 방문해 추가사진을 첨부한 경우도 있으니 가급적 ① 네모칸을 클릭해 사진정보를 확인해보십시오.

▼굿옥션 사진 클릭

[출처 : 굿옥션 홈페이지 http://www.goodauction.com/]

② '사고이력' 클릭

카히스토리의 중고차 사고이력정보보고서를 무료로 확인할 수
있습니다.

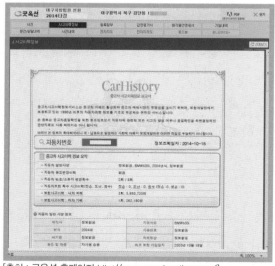

◀굿옥션 사고이력정보
  클릭

[출처 : 굿옥션 홈페이지 http://www.goodauction.com/]

③ '등록원부' 클릭

민원24에 방문하지 않아도 간편하게 자동차 등록원부를 확인할
수 있습니다.

▼굿옥션 등록원부 클릭

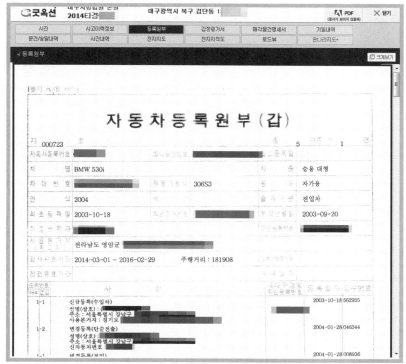

[출처 : 굿옥션 홈페이지 http://www.goodauction.com/]

④ '즐겨찾기' 클릭

각 정보 검색 후 입찰에 참여하고픈 자동차를 발견했을 경우, 즐
겨찾기에 추가되어 관리가 용이하며 최대 1,000건까지 관심물건에

등록이 가능합니다.

▼굿옥션 즐겨찾기 목록

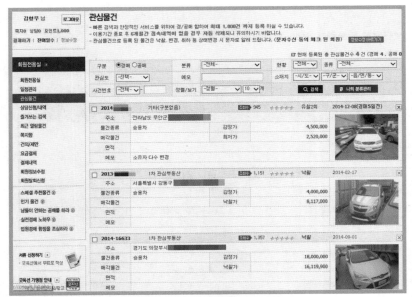

[출처 : 굿옥션 홈페이지 http://www.goodauction.com/]

이상과 같은 정보들을 활용해 자동차 경매 물건을 검색하면 비용 및 시간의 절약 등 많은 이익을 얻을 수 있습니다.

차량보관소 방문 노하우

chapter 03

차량보관소의 위치정보는 굿옥션 차량검색 화면 중 다음 자료와 같이 ② 부분에 명시되어 있습니다. 또한 ① 부분의 사건번호를 이용해서 대법원경매정보의 메인페이지에서 검색하는 방법도 있습니다.

▼차량보관소(굿옥션 활용)

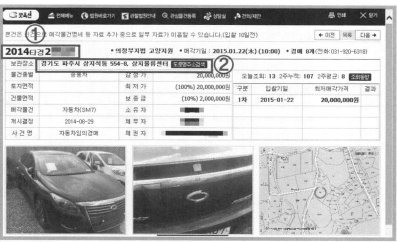

[출처 : 굿옥션 홈페이지 http://www.goodauction.com/]

먼저 다음 그림과 같이 대법원경매정보의 메인페이지 상단에서
①의 '경매물건'을 클릭 후 ②의 '경매사건검색'을 클릭해주세요.

▼차량보관소(법원경매정보 활용)

[출처 : 대법원 법원경매정보 홈페이지 www.courtauction.go.kr]

그러면 다음의 화면으로 변경됩니다. 표시된 부분에서 관할법원
을 선택하고 사건번호를 기재한 후 '검색' 버튼을 클릭해주세요.

▼차량보관소(법원경매정보 활용)

[출처 : 대법원 법원경매정보 홈페이지 www.courtauction.go.kr]

한 권으로 끝내는
자동차 경매

앞과 같이 검색버튼을 클릭하면 다음과 같이 '경매사건검색' 상세페이지로 이동하며, 네모칸에 차량보관소에 대한 정보가 있습니다.

▼차량보관소(법원경매정보 활용)

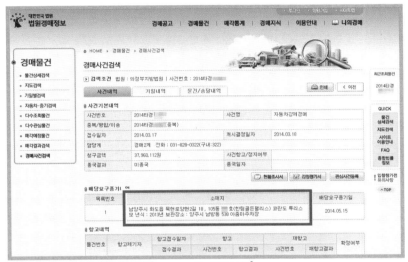

[출처 : 대법원 법원경매정보 홈페이지 www.courtauction.go.kr]

이제 차량보관소의 위치도 알았으니 용기를 내서 차량보관소에 방문을 하면 됩니다. 단 다음과 같은 준비물을 준비해주세요.

① 확인할 차량정보 출력화면

동일한 차량보관소에서 진행되는 사건 중 관심사건이 있다면 당해 차량보관소에 보관 중인 차량들의 차량정보 출력화면을 전부 출력해주세요.

② LED후레쉬

엔진룸, 차량내부, 트렁크내부, 하체 등을 확인할 때 LED후레쉬를 가져가면 많은 도움을 얻을 수 있습니다. LED후레쉬는 고가의 제품을 사용할 필요 없이 1,000원짜리 균일가숍에서 판매하는 것을 사용하더라도 크나큰 도움을 얻을 수 있습니다. LED후레쉬를 준비하지 못했을 경우 임시방편으로 스마트폰의 후레쉬 어플을 사용하는 방법도 있습니다.

③ 돗자리

차량 하부의 부식 또는 각종 오일 등의 누유를 살펴보기 위해서는 차량 하부에 들어가서 직접 육안으로 확인하는 수밖에 없습니다. 그럴 때 돗자리를 활용하면 입은 옷이 더러워지지 않고 편하게 점검할 수 있습니다.

④ 카메라

스마트폰에 내장된 카메라를 이용해도 충분합니다.

⑤ 점프선

차량보관소에서 보관 중인 차량들은 장기 주차로 인해 99% 이상 시동이 불가합니다. 시동을 확인해보기 위해선 점프선이 필요합니다. 또한 안쪽에 주차되어 있는 차량들은 점프선이 짧아 연결이 불가할 겁니다. 그럴 경우를 대비해 보조배터리도 준비해두면 좋습니다.

⑥ 음료수

추운 겨울엔 따듯한 캔커피, 무더운 여름엔 시원한 아이스크림 또는 냉커피를 준비하십시오. 차량보관소에 근무하시는 분들은 보관 중인 차량에 대해 경쟁자 몇 명이 확인을 하고 갔는지를 비롯해 많은 정보를 알고 계실 것입니다. 그분들에게 최대한의 정보를 얻기 위해 활용하세요.

이와 같은 준비물을 준비하고 해당 차량보관소의 차량확인가능 시간에 맞춰 차량보관소에 방문을 하면 됩니다. 그런데 차량보관소에 근무하시는 분들의 성향에 따라 모두 방법이 틀립니다. 어떤 차량보관소에서는 차량키를 내어주고, 어떤 차량보관소에서는 차량키를 주지 않고 문만 열어줍니다. 차량키를 줄 경우 점프 후 시동을 걸어 볼 수도 있습니다. 그런데 차량키를 주지 않을 경우 육안으로 사고 여부를 확인해볼 수밖에 없습니다.

그러니 차량보관소에 근무 중인 분들과 얼마만큼의 인간적 관계를 유지할 수 있느냐가 성패의 핵심 열쇠라고 할 수 있습니다.

100점 만점 입찰표 작성하기

1. 입찰표 작성 방법

차량보관소까지 방문 후 최종적으로 입찰을 결정했다면 이젠 입찰표를 작성해야 합니다. 먼저 본인이 직접 법원에 방문할 경우의 작성법을 알려드리겠습니다.

가. 본인이 직접 법원 방문 시 입찰표 작성 요령

① 관할법원 기재

서울북부지방법원에서 진행되는 경매일 경우 '서울북부지방법원 집행관 귀하'라고 기재하면 됩니다.

② 입찰기일 기재

입찰이 진행되는 일자를 기재하면 됩니다.

③ 사건번호 기재

사건번호를 정확하게 기재해주십시오.

④ 물건번호 기재

물건번호가 여러 개인 경우 해당 물건의 물건번호를 필히 기재해 주십시오. 미기재 시 무효처리됩니다. 그러나 대부분 물건번호가 없으며 그런 경우는 공란으로 비워두십시오.

⑤ 성명

입찰할 분의 성명을 기재 후 '(인)' 부분에 도장을 날인하십시오.

⑥ 전화번호

입찰할 분의 전화번호를 기재해주십시오.

⑦ 주민등록번호

입찰할 분의 주민등록번호를 기재해주십시오.

⑧ 주소

입찰할 분의 주소를 기재해주십시오.

⑨ 입찰가격

입찰할 금액을 기재해주십시오. 가장 중요한 부분이오니 혹시 0 하나를 더 붙여서 100만 원을 1,000만 원이라 오기재하지 않았는지 살펴보십시오. 오기재를 이유로 매각허가가 취소되지 않으며 결국 100만 원에 입찰할 차량을 1,000만 원에 낙찰받게 되거나 또는 보증금을 포기해야만 합니다. "누가 바보같이 오기재를 할까?"라고 생각하실 수도 있지만 정말 흔하게 발생됩니다.

⑩ **보증금액**

입찰할 금액의 10%가 아니라 최저매각가격의 10%입니다.

⑪ **보증의 제공방법**

해당되는 경우의 □칸에 ✓체크하십시오.

⑫ **보증반환**

입찰자의 성명을 기재하십시오. '(인)'부분의 도장은 패찰 시 입찰보증금을 반환받은 후 날인하는 것이니 공란으로 비워두십시오.

작성 완료 후 꼼꼼하게 검토하십시오. 특히 입찰가격 부분의 오기재 여부는 꼼꼼한 확인이 필요합니다.

▼기일입찰표(본인제출용)

기 일 입 찰 표

① ○○지방법원 집행관 귀하			② 입찰기일 : 20○○년 ○○월 ○○일		
사건 번호	③ 20○○ 타경 ○○○○ 호		물건 번호	④ ○번	

입 찰 자	본인	성 명	⑤ 홍 길 동 (인)		전화 번호	⑥ 010-1234-5678
		주민등록 번 호	⑦ 111111-1111111	법인등록 번 호		
		주 소	⑧ 서울 ○○구 ○○로285, 1동 2호 (○○동, ○○아파트)			
	대리인	성 명	(인)	본인과의 관 계		
		주민등록 번 호		전화번호		
		주 소	서울 노원구 섬밭로285, 124동 915호 (중계동,중계그린아파트)			

입찰 가격	천억	백억	십억	천만	백만	십만	만	천	백	십	일		보증 금액	백억	십억	억	천만	백만	십만	만	천	백	십	일	
			⑨	3	8	0	0	0	0	0	원					⑩	3	8	0	0	0	0	원	

보증의 제공방법	⑪ ☑ 현금·자기앞수표 　　□ 보증서	보증을 반환 받았습니다. ⑫ 입찰자 홍 길 동 (인)

주의사항.
1. 입찰표는 물건마다 별도의 용지를 사용하십시오. 다만, 일괄입찰시에는 1매의 용지를 사용하십시오.
2. 한 사건에서 입찰물건이 여러개 있고 그 물건들이 개별적으로 입찰에 부쳐진 경우에는 사건번호외에 물건번호를 기재하십시오.
3. 입찰자가 법인인 경우에는 본인의 성명란에 법인의 명칭과 대표자의 지위 및 성명을, 주민등록란에는 입찰자가 개인인 경우에는 주민등록번호를, 법인인 경우에는 사업자등록번호를 기재하고, 대표자의 자격을 증명하는 서면(법인의 등기사항증명서)을 제출하여야 합니다.
4. 주소는 주민등록상의 주소를, 법인은 등기기록상의 본점소재지를 기재하시고, 신분확인상 필요하오니 주민등록증을 꼭 지참하십시오.
5. 입찰가격은 수정할 수 없으므로, 수정을 요하는 때에는 새 용지를 사용하십시오.
6. 대리인이 입찰하는 때에는 입찰자란에 본인과 대리인의 인적사항 및 본인과의 관계 등을 모두 기재하는 외에 본인의 위임장(입찰표 뒷면을 사용)과 인감증명을 제출하십시오.
7. 위임장, 인감증명 및 자격증명서는 이 입찰표에 첨부하십시오.
8. 일단 제출된 입찰표는 취소, 변경이나 교환이 불가능합니다.
9. 공동으로 입찰하는 경우에는 공동입찰신고서를 입찰표와 함께 제출하되, 입찰표의 본인란에는 "별첨 공동입찰자목록 기재와 같음" 이라고 기재한 다음, 입찰표와 공동입찰신고서 사이에는 공동입찰자 전원이 간인 하십시오.
10. 입찰자 본인 또는 대리인 누구나 보증을 반환 받을 수 있습니다.
11. 보증의 제공방법(현금·자기앞수표 또는 보증서)중 하나를 선택하여 ☑표를 기재하십시오.

나. 대리인이 법원 방문 시 입찰표 기재 요령

이번에는 대리인이 입찰표를 제출할 경우에 대해 알려드리겠습니다. 기본적인 부분은 본인이 직접 입찰표를 제출할 경우와 동일하게 작성을 하면 됩니다. 그 외 상이한 부분은 ①에 대리인의 성명, 본인과의 관계, 주민등록번호, 전화번호, 주소 등을 기재하면 되고, ②에는 입찰자의 성명을 기재하는 것이 아니라 '대리인 ○○○'이라고 기재하면 됩니다. 그리고 주의사항으로는 본인은 꼭 인감도장을 사용해야 합니다. 위임장 작성 순서는 다음과 같습니다.

① 네모칸의 '대리인' 정보
직접 법원에 방문할 대리인의 성명, 직업, 주민등록번호, 전화번호, 주소를 기재하면 됩니다.

② 네모칸의 '수권사항' 정보
관할법원과 사건번호를 기재하면 됩니다.

③ 네모칸의 '위임인' 정보
위임인의 성명, 직업, 주민등록번호, 전화번호, 주소를 기재하면 되며, 성명 옆에 '(인)'에는 필히 인감도장을 날인해주십시오.

④ 네모칸에는 관할법원을 기재하시면 됩니다.

이와 같이 작성한 입찰표, 위임장 외에도 최근 3개월 이내에 발급한 본인의 인감증명서를 첨부해야 합니다. 그리고 대리인은 법원 방문 시 도장(인감도장이 아니더라도 상관없음)과 신분증을 준비해야 합니다.

기 일 입 찰 표

| ○○지방법원 집행관 귀하 | 입찰기일 : 20○○년 ○○월 ○○일 |

| 사 건
번 호 | 20○○ 타경 ○○○○ 호 | 물건
번호 | ○번 |

입 찰 자 ①	본인	성 명	홍길동 (인)	전화 번호	010-1234-5678
		(사업자) 등록번호	111111-1111111	법인등록 번 호	
		주 소	서울 ○○구 ○○로285, 1동 2호 (○○동, ○○아파트)		
	대리인	성 명	성 춘 향 (인)	본인과의 관 계	지인
		주민등록 번 호	221111-2111111	전화번호	010-8765-4321
		주 소	서울 ○○구 ○○로285, 1동 2호 (○○동, ○○아파트)		

입찰 가격	천억	백억	십억	억	천만	백만	십만	만	천	백	십	일		보증 금액	천억	백억	십억	억	천만	백만	십만	만	천	백	십	일	
						3	8	0	0	0	0	0	원							3	8	0	0	0	0	원

| 보증의
제공방법 | ☑ 현금·자기앞수표
☐ 보증서 | 보증을 반환 받았습니다. ②

입찰자 대리인 성 춘 향 (인) |

주의사항.
1. 입찰표는 물건마다 별도의 용지를 사용하십시오. 다만, 일괄입찰시에는 1매의 용지를 사용하십시오.
2. 한 사건에서 입찰물건이 여러개 있고 그 물건들이 개별적으로 입찰에 부쳐진 경우에는 사건번호외에 물건번호를 기재하십시오.
3. 입찰자가 법인인 경우에는 본인의 성명란에 법인의 명칭과 대표자의 지위 및 성명을, 주민등록란에는 입찰자가 개인인 경우에는 주민등록번호를, 법인인 경우에는 사업자등록번호를 기재하고, 대표자의 자격을 증명하는 서면(법인의 등기사항증명서)을 제출하여야 합니다.
4. 주소는 주민등록상의 주소를, 법인은 등기기록상의 본점소재지를 기재하시고, 신분확인상 필요하오니 주민등록증을 꼭 지참하십시오.
5. 입찰가격은 수정할 수 없으므로, 수정을 요하는 때에는 새 용지를 사용하십시오.
6. 대리인이 입찰하는 때에는 입찰자란에 본인과 대리인의 인적사항 및 본인과의 관계 등을 모두 기재하는 외에 본인의 위임장(입찰표 뒷면을 사용)과 인감증명을 제출하십시오.
7. 위임장, 인감증명 및 자격증명서는 이 입찰표에 첨부하십시오.
8. 일단 제출된 입찰표는 취소, 변경이나 교환이 불가능합니다.
9. 공동으로 입찰하는 경우에는 공동입찰신고서를 입찰표와 함께 제출하되, 입찰표의 본인란에는 "별첨 공동입찰자목록 기재와 같음" 이라고 기재한 다음, 입찰표와 공동입찰신고서 사이에는 공동입찰자 전원이 간인 하십시오.
10. 입찰자 본인 또는 대리인 누구나 보증을 반환 받을 수 있습니다.
11. 보증의 제공방법(현금·자기앞수표 또는 보증서)중 하나를 선택하여 ☑표를 기재하십시오.

▼ 위임장(대리인제출用)

위 임 장

대리인 ①	성 명	성춘향	직업	회사원
	주민등록번호	221111-2111111	전화번호	010-8765-4321
	주 소	서울 ○○구 ○○로285, 1동 2호 (○○동, ○○아파트)		

위 사람을 대리인으로 정하고 다음 사항을 위임함.

다 음

② ○○지방법원 20○○타경 ○○호 사건에 관한 입찰행위 일체

본인 1 ③	성 명	홍길동 (인)	직 업	회사원
	주민등록번호	111111-1111111	전 화 번 호	010-1234-5678
	주 소	서울 ○○구 ○○로285, 1동 2호 (○○동, ○○아파트)		

본인 2	성 명		직 업	
	주민등록번호	-	전 화 번 호	
	주 소			

본인 3	성 명		직 업	
	주민등록번호	-	전 화 번 호	
	주 소			

④ ○○지방법원 귀중

입찰표 등의 서식은 대법원경매정보 메인페이지 상단에 위치한 ①의 '경매지식'을 클릭 후 ②의 '경매서식'을 클릭하면 얻을 수 있습니다. 입찰표 외에도 여러 유용한 정보를 얻을 수 있으니 꼭 확인해보십시오.

▼법원경매 서식

[출처 : 대법원 법원경매정보 홈페이지 www.courtauction.go.kr]

그런데 처음 입찰표를 작성해보시는 분들에게는 다소 힘들 수도 있을 것입니다. 그런 분들이 기뻐할 정보를 알려드리겠습니다. 굿옥션을 이용하면 손쉽게 입찰표를 작성할 수 있습니다. 먼저 다음 그림의 굿옥션의 물건검색 화면에서 네모칸의 '입찰표작성'을 클릭해주세요.

▼굿옥션 입찰표작성

[출처 : 굿옥션 홈페이지 http://www.goodauction.com/]

'입찰표작성'을 클릭하면 다음과 같이 입찰표를 작성하는 화면으로 바뀝니다. 바뀐 화면에서 공란 기재 후 출력만 하면 됩니다. 그 외 입찰표 작성 예시 등도 확인할 수 있습니다. 정말 소중한 기능이니 시간이 날 때 꼼꼼하게 숙지해보세요.

[출처 : 굿옥션 홈페이지 http://www.goodauction.com/]

2. 각 봉투 작성 방법

보증금을 넣을 '입찰보증금봉투'와 입찰표 및 입찰보증금봉투를 넣을 '입찰봉투'는 다음과 같습니다. 입찰 당일 법원에 방문하면 구비되어 있습니다. 앞면과 뒷면의 작성부분에 사건번호 등을 기재하시고 '㉑'이라고 인쇄된 부분에 법원에 방문하실 분의 도장을 날인하시면 됩니다. 다음 그림을 참고하시면 그리 어려운 부분이 아니라 작성방법의 추가 설명은 생략하겠습니다.

▼법원경매 입찰보증금 봉투

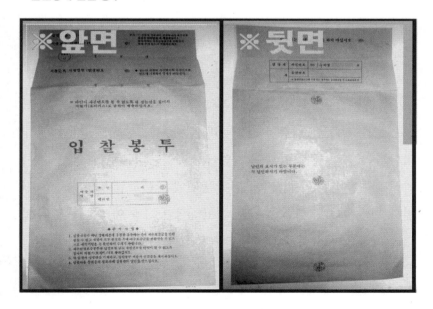

▼법원경매 입찰 봉투

한 권으로 끝내는
자동차 경매

당황하지 않고 법원 가기

처음 입찰법정을 방문해보면 그 뜨거운 열기에 흥분되거나 또는 수많은 경쟁자들에게 주눅이 들 수도 있습니다. 또한 입찰법정에서 삼삼오오 모여 어떤 물건에 입찰한다며 자랑하는 분들도 심심찮게 볼 수 있습니다. 그런 분들의 대화에 신경 쓰지 않으려 해도 유난히 귀에 들어옵니다. 그런데 그런 분들이 대화하는 물건이 오늘 내가 입찰을 하는 물건일 경우 왠지 패찰하게 될까 걱정 되어 집에서 만들어온 100점 만점 입찰표를 찢어버리고 조금 더 금액을 높여 새로 작성하게 되나 그 경우 낙찰을 받게 되더라도 고가 낙찰로 재미를 볼 수 없습니다. 또한 현장에서 급하게 입찰금액을 변경하려 입찰표를 작성하다 보면 0 하나를 더 붙이는 경우도 심심찮게 볼 수 있습니다. 거듭 강조하지만 입찰할 가격이 1,000,000원임에도 0을 하나 더 붙여 10,000,000원에 입찰하는 경우는 부지기수입니다. 그러니 신중하게 판단 후 집에서 작성해간 100점짜리 입찰표를 제출하시길 바랍니다.

보증금과 관련해서 한 가지 팁을 드리자면 모든 법원이 그런 건 아니지만 서울 또는 경기에 소재하는 법원의 경우 법원청사 또는 법원 바로 옆 검찰청사 내에 신한은행이 있습니다. 입찰보증금을 현금으로 가지고 다닐 경우 분실 염려가 있으니 가급적 법원청사 내 은행에서 입출금하는 것이 안전합니다.

각 법원의 주소와 입찰시작시간, 입찰마감시간은 부록에 기재해 두었습니다. 예를 들어 서울중앙지방법원의 경우 입찰시작 시간은 10:10이고 입찰마감시간은 11:10이니깐 10:10부터 늦어도 11:10 까지 입찰표를 제출해야 유효한 입찰이 됩니다. 은행에서 입찰보 증금을 찾을 시간도 감안해 여유 있게 법원에 도착해야 하고, 대부 분의 법원 주차장이 협소하기 때문에 대중교통을 이용하는 것이 수월할 것입니다. 그럼 부록에 기재한 각 법원의 정보를 참고하시 길 바랍니다.

그리고 법원 출발 전 신분증과 도장, 작성해둔 입찰표 꼭 확인해 보시구요.

축, 낙찰!

이와 같은 모든 과정을 마친 후 낙찰을 받으셨다면 진심으로 축하드립니다. 하지만 아쉽게도 앞으로 진행해야 일들이 태산 같습니다. 아직까지 긴장을 풀어서는 안 됩니다. 소유권 이전과 관련해서는 크게 법원에 방문해 잔금납부 및 각종 서식을 접수하는 것, 차량보관소방문에 방문해 차량을 인수하는 것, 차량등록사업소에 방문해 이전하는 것 등 크게 3PART로 나뉩니다. 그러나 여기에서 알려드린 방법을 따라 하다 보면 크게 어려운 것도 아닐뿐더러 어느 정도 익숙해지면 이와 같은 일련의 과정을 반나절 만에 끝낼 수도 있습니다.

1. 혼자서도 잘해요 PART1(법원 방문 편)

매각기일에서 최고가로 낙찰되었다 하더라도 최고가매수신고인의 지위일 뿐이기에 아직까지 안심할 수는 없습니다. 매각기일에 최고가매수신고인이 정해지면 법원은 매각결정기일을 지정해 이해관계인의 의견을 들은 후 매각허가 여부를 결정합니다. 통상 매각결정기일은 매각기일로부터 일주일 후에 지정됩니다.

또한 매각결정기일에서 매각허가 결정된다 하더라도 이해관계인이 매각허가 결정에 의해 손해를 볼 경우 '즉시항고'를 할 수 있습니다. 물론 최고가매수신고인도 즉시항고를 할 수 있습니다. 즉시항고를 하려는 항고인은 매각허가 여부의 결정을 선고한 날부터 일주일 안에 항고장을 원심법원에 제출해야 합니다. 즉 낙찰일로부터 매각허가결정까지 일주일, 즉시항고기간까지 일주일, 총 2주일이 경과해야 최고가매수신고인의 매각허가결정이 확정됩니다.

최고가매수신고인의 매각허가결정이 확정되면 법원은 직권으로 대금지급기한을 정해 최고가매수신고인에게 통지하며, 이와 같은 통지서 수령 후 최고가매수신고인은 법원에 방문해 대금납부 후 경매계에 방문해 다음과 같이 '자동차소유권이전등기 및 말소등록촉탁신청서'를 제출하면 됩니다.

자동차소유권이전등기 및 말소등록촉탁신청서

사　　　건　　　타경　　　호 자동차 강제(임의) 경매
채　권　자
채무자(소유자)
매　수　인

위 당사자간 귀원　타경 호 자동차강제경매사건에 관하여 매수
인은 귀원으로부터 매각허가결정을 받고　년 월 일 대금전액
을 완납했으므로 별지목록기재 자동차에 대하여 소유권이전등록
및 말소등록을 촉탁하여 주시기 바랍니다.

첨 부 서 류

1. 말소할 등록사항 내역　　　　4부
1. 자동차 목록　　　　　　　　1부
1. 자동차 등록원부　　　　　　1통
1. 주민등록등(초)본　　　　　　1통
1. 등록세영수증(이전, 말소)
1. 송달료

년　월　일

신청인(매수인)　　　　　　　인
연락처 :

지방법원 집행과 귀중

대금 납부 및 '자동차소유권이전등기 및 말소등록촉탁신청서'의
제출이 완료되면 경매계에서 '매각대금완납증명서' 등을 교부하며
이를 집행관사무실에 제출하면 집행관사무실에서는 앞 번호판과
관련 서류 등을 추가로 교부해줍니다.

2. 혼자서도 잘해요 PART2(차량보관소 방문 편)

① 자동차보험 가입하기

먼저 보관소 방문 전 자동차보험을 가입해야 됩니다. 보관소에
서 차량을 인수하는 날부터는 직접 운전을 해야 되니깐 자동차보
험 가입은 필수사항이며 차를 매도하는 날 보험 해지를 신청하면
사용일수만큼 일할계산으로 환급받을 수 있으니 너무 부담 갖지
않으셔도 됩니다.

팁을 드리자면 긴급출동서비스는 요긴하게 사용이 가능할 뿐더
러 비싸지도 않으니 꼭 가입해주십시오. 긴급출동서비스 가입을 추
천하는 이유는 몇 가지가 있는데 우선 공영주차장에 차량을 보관
하는 경우 채권자가 차키를 분실하지 않으려 자동차 안에 차키를
넣어두고 문을 잠근 경우가 간혹 있으며 이럴 때 정말 요긴하게 사
용할 수 있습니다. 그 외에도 자동차 배터리를 점프 할 때도 요긴
하게 사용할 수 있으며 정말 꼭 필요한 이유는 타이어의 펑크 또는
치명적인 문제가 발생되어 운행이 불가할 경우 보험사마다 다르지
만 평균 10km 정도는 무료로 견인서비스를 이용할 수 있습니다.

② 배터리 교체하기

장담하건데 99.99% 배터리가 방전되어 있을 것이며, 역시 99.99% 배터리를 점프한다고 해서 시동이 걸리지 않을 것입니다. 이럴 땐 긴급출동서비스를 이용해 배터리를 교체하는 것보다 인터넷오픈마켓에서 미리 배터리를 구매해 직접 교체하는 것이 훨씬 저렴할 것입니다. 교체방법 또한 그리 어렵지 않고 폐배터리는 구매한 업체에서 수거는 물론 교체 시 필요한 장비까지 렌트해주기에 보통 남성분들은 교체설명서를 읽는 시간 포함해 10분 내외로 교체가 가능할 것입니다.

그런데 이처럼 교체가 수월하다 하더라도 배터리의 무게가 상당해서 여성분들이 직접 교체하기엔 다소 무리가 있을 수도 있습니다. 그럴 경우 팔 힘 좋은 남성분을 동행하면 손쉽게 문제가 해결되나 주위에 팔 힘 좋은 남성분이 계시지 않을 경우 긴급출동서비스를 요청 후 긴급출동서비스 기사님에게 약간의 수고비를 드리고 교체를 부탁하면 도와주실 것입니다.

이제 주차장을 빠져나오면 됩니다. 주차장을 나온 후 집에 가기 전 주유소에 꼭 들려주십시오. 대부분 연료가 얼마 없어 주유를 하지 않을 경우 위험할 수도 있습니다.

3. 혼자서도 잘해요 PART3(차량등록사업소 방문 편)

낙찰자 주소지의 차량등록사업소에서 경매가 진행된 법원으로
부터 촉탁을 받은 후 낙찰자에게 전화를 해주니 차량등록사업소에
서 온 전화를 받고 법원에 방문하면 됩니다. 필자 거주지의 차량등
록사업소에서는 다음 그림과 같은 '자동차 등록 절차 안내'를 교부
해주며 안내서의 순서를 따라 등록을 하면 정말 손쉽게 짧은 시간
내에 등록을 완료할 수 있습니다. 독자 여러분의 거주지 차량등록
사업소에서 '자동차 등록 절차 안내'를 교부해주지 않더라도 너무
걱정하실 필요는 없습니다. 그 이유는 직접 방문해보시면 아시겠지
만 담당 공무원들이 친절하게 알려주기 때문입니다.

▼자동차 등록 절차 안내서

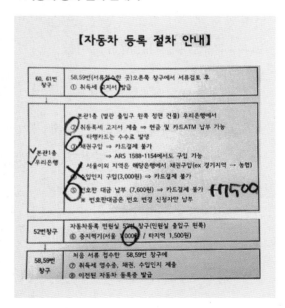

part 05

오토마트 공매
집중탐구

오토마트 공매란?

1. 오토마트는 어떤 사이트인가?

오토마트는 1999년 6월 설립 이후 오프라인에서 진행되던 자동차 공매를 인터넷(온라인)에서 진행한 이후, 현재 전국 1,000여개 이상의 자치단체, 4대보험, 공공기관, 경찰서, 할부/리스사 등과 정식 계약을 체결해 공매 업무를 진행하는 인터넷 자동차 공매 전문 벤처기업입니다.

2. 오토마트의 장점

경매와 비교해 오토마트의 장점은 여러 가지가 있으나 그중 주요 사항은 다음과 같습니다.

1) 차량점검서가 포함되어 있다

오토마트의 가장 큰 장점은 중고자동차의 성능·상태를 점검 후 작성한 차량점검서가 포함되어 있다는 것입니다.

▼오토마트 차량점검서

◆ 오디오 SYSTEM, 옵션장치성능, 외장 램프 / 에어컨, 히터, 환기장치

오디오 SYSTEM	중	파워윈도우	중	파워사이드 미러	중
자동 도어락	중	전동시트	중	썬루프	중
헤드램프	중	시그널 램프	중	콤비네이션 램프	중
안개등	중	에어컨 성능	중	히타 성능	중
콤프레샤/송풍 소음	중				

◆ 특이사항

정식 수입차량으로 계산서발행가능함. 최초 등록열 2011-09-22. 차량키 2EA. 주행거리불명 (확인 요망). 엔진오일 교환경과서비스체크매 시지점등

◆ 외장 & 내장 종합 소견 (연식, 최초등록일, 배기량 확인과 현물의 확인은 반드시 필요함)

활흠집. 타이어일부훼손. 스텝굴꼭맞흠집. 전후범퍼흠집

◆ 외장교환 & 수리요망부위

전판넬교환. 보험수리 1회₩3.956.460원 이력있음. 판금도색 7부위요망

◆ 차량상태

교환경력 부분	Q
수리경력 부분	J, M, O
도색경력 부분	J, M, O, Q
굴꼭발생 부분	E
흠집발생 부분	A, D, I, M, O, Q
기타 유의사항	현물반드시확인요망

A [뒤범퍼]	C [뒷휀다(우)]	D [트렁크]	E [뒷휀다(좌)]	F [뒷도어(우)]
G [루프]	H [뒷도어(좌)]	I [앞도어(우)]	J [앞도어(좌)]	K [앞휀다(우)]
M [본넷트]	O [앞휀다(좌)]	Q [앞범퍼]		

[출처 : 오토마트 홈페이지 http://www.automart.co.kr/]

그래서 자동차를 잘 모르는 분이라 할지라도 교체한 부분이 어디 인지, 수리한 부분이 어디인지, 도색한 부분이 어디인지를 손쉽게 파악 할 수 있어 초보자들에게는 정보가 부족한 법원 경매와 비교 해 최고의 장점이라 할 수 있습니다. 차량점검서와 관련해서는 '오 토마트 공매 도전' 편에서 자세하게 후술하도록 하겠습니다.

2) 레버리지(leverage) 활용 가능

법원의 부동산 경매는 적극적으로 레버리지를 활용할 수 있습니다. 낙찰가 대비 20~30%의 자금만 있더라도 금융기관의 경락잔금대출을 활용해 잔금을 납부할 수 있습니다. 그러나 자동차 경매는 부동산과 다르게 경락잔금대출이 활성화되어 있지 않습니다. 아니 전무하다고 할 수 있습니다. 그런데 오토마트는 여러 금융기관과 제휴해 공매 차량의 금융서비스를 제공하고 있습니다. 각 금융기관별로 운영기준이 상이하니 금융서비스를 이용할 분은 자신에게 유리한 조건을 잘 비교해보길 바랍니다. 금융기관별 운영 기준은 다음과 같습니다.

▣ ALPHERA파이낸셜(BMW그룹社)

대상차량	– 공매차량중 낙찰가격이 700만 원 이상인 차량에 한정
대상고객	– 만 20세 이상, 만 70세 미만 내국인이며 오토마트 공매를 통해 낙찰 받은 고객
금융 적용가능 기간	– 14개월~60개월(원리금 균등 분할 상환)
적용 가능 금리	– 8.95 ~ 12.55%(개인 신용도에 따라 차등 적용)
제외차종	– 최초 등록일로부터 심사 시점까지 10년 초과 차량, 화물 차량, 11인승 이상 승합 차량, 특장차, 건설기계, 원동기 등
구비서류	– [개인] 신용정보 활용 동의서 원본/개인사업자등록증 사본 및 자격증 사본/인감증명서 2부, 주민등록등본 1부/신분증/운전면허증 사본 1부/종합소득세 또는 재산세 납세 증명원 1부/재직증명서, 근로소득원천징수 영수증 [법인 사업자] 신용정보 활용 동의서 원본/실사용자의 신분 확인 서류/법인 사업자등록증사본, 재무제표 및 주주명부/법인 인감증명서 2부, 등기부등본 1부/법인대표 입보 시, 개인서류/법인대표 미입보 시 이사회임차결의서

■ 신한카드

대상차량	– 공매차량 중 낙찰가격이 200만 원 이상인 차량들에 한해서 적용
대상고객	– 만 20세 이상, 만 70세 미만 내국인(운전면허 소지자)이며, 오토마트 공매를 통해 낙찰받은 고객(법인사업체 제외)
할부기간	– 12개월~60개월(원리금 균등 분할 상환)
할부금리	– 7.9%~18.8%(개인 신용도에 따라 차등 적용)
제외차량	– 모델 연도 10년 이상 차량, 5톤 초과 화물차, 25인승 초과 승합차, 특장차, 건설 기계, 원동기
구비서류	– 인감증명서, 운전면허증 사본, 인감도장, 소득증빙서류(신용도에 따라 무서류 가능)

※상기 내용은 변경될 수 있으니 금융서비스를 이용하려는 분들은 사전에 필히 오토마트 또는 각 금융기관에 문의하시길 바랍니다.

3) 인터넷 입찰

법원 경매는 입찰표를 작성해야 하고, 또한 입찰 당일에는 본인 또는 대리인이 아침 일찍 경매법정에 출석해 입찰표를 제출해야만 합니다. 또한 입찰결과가 발표될 때까지 경매법정에서 대기하고 있어야 하는데, 사건이 많은 날은 오후 늦게 발표를 하는 경우도 있습니다. 그러나 오토마트 공매의 경우 회원가입만 완료하면, 일련의 입찰 과정을 모두 온라인에서 편하게 할 수 있습니다. 오토마트 공매 입찰과 관련해서는 '오토마트 공매 도전' 편에서 자세하게 후술하도록 하겠습니다.

4) 편리성

법원 경매는 낙찰을 받았다고 바로 잔금을 납부할 수도 없고, 그렇다고 바로 자동차를 인도받을 수도 없습니다. 법원 경매의 경우 낙찰을 받은 날의 7일 후 법원이 최고가 매각 허가에 대한 결정을 하며, 최고가 매각 허가가 결정 나면 그로부터 또 7일간 법원의 최고가 매각 허가 결정에 대해 이의 있는 이해관계인들을 위해 7일간의 항고기간을 갖게 됩니다. 결국 법원 경매는 낙찰을 받았다고 하더라도 최소 14일간은 잔금을 납부할 수도 없고, 차량을 인도 받을 수도 없습니다.

지루했던 14일이 경과하면 '자동차소유권이전등기 및 말소등록 촉탁신청서'를 포함한 각종의 법원 문건들을 작성해야 하고, 직접 법원에 방문해 잔금납부 및 각종 문건을 제출해야 하며 이와 같은 법원 업무가 완료되면 주차장에 방문해 배터리를 교체해야 합니다. 또한 아주 간혹 차키를 제작하거나 견인을 해야 하는 경우들도 발생하게 됩니다. 여기서 끝이 아니라 그 후에는 또 차량등록소에 방문해 이전절차를 완료해야지만 모든 절차가 종료되게 됩니다. 그러나 오토마트 공매의 경우 낙찰을 받게 되면 담당직원이 전화를 걸어와 이전절차 등에 대해 안내하며, 안내받은 바와 같이 몇 가지 서류를 오토마트에 우편으로 보내주면 행정사가 이전까지 완료를 해주며 그렇다고 주차장에 도착해서 배터리를 갈지 않아도 됩니다. 이처럼 오토마트 경매는 여러 부분에서 법원 경매보다 편리함을 느낄 수 있습니다.

5) 철저한 차량관리

대부분의 법원 경매 차량들은 장기간 주차로 인해 배터리가 방전되어 있습니다. 그러나 오토마트의 경우 각 차량보관소마다 차량관리사들이 상주하고 있기 때문에 차량이 잘 관리되어 있습니다. 최소 배터리를 갈아야 할 필요는 없습니다.

6) 착한가격

오토마트의 공매는 체납자 또는 채무자가 직접 운행하던 상태 그대로의 차량을 매각하는 것이기에 중고차매매상에서 중고차량을 구매하는 것보다 월등하게 저렴한 가격에 차량을 구입할 수 있습니다. 단, 수리를 요하는 중고차의 경우 중고차매매상에서 구입을 한다면 수리·도색 등이 되어 있으나 오토마트 공매에서 낙찰받은 차들은 낙찰자가 직접 수리·도색을 해야 합니다.

오토마트 공매 도전하기

1. 회원가입

공매 입찰은 회원가입 여부와 상관없이 비회원으로도 입찰이 가능합니다. 그러나 회원가입을 할 경우 입찰 시 '나의 입찰 정보'를 불러와서 간편하게 입찰 할 수 있으며, 가장 중요한 부분은 공매 마감 일자를 기준으로 3개월까지의 입찰한 내역을 확인할 수 있습니다. 이런 이유로 가급적 회원가입은 하는 편이 유리합니다.

2. 차량검색

1) 오토마트의 홈페이지 각 페이지 설명

먼저 오토마트의 홈페이지(http://www.automart.co.kr/)에 접속하면 다음 그림과 같은 메인페이지를 확인할 수 있습니다.

▼오토마트 홈페이지의 메인 페이지

오토마트의 메인페이지에서 '공매차량검색'을 클릭하십시오.

▼공매차량검색 페이지

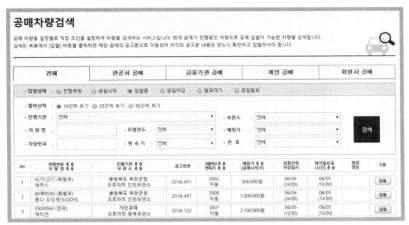

[출처 : 오토마트 홈페이지 http://www.automart.co.kr/]

이와 같이 메인페이지에서 '공매차량검색'을 클릭하면【진행예정】【금일시작】【입찰 중】【금일마감】【발표대기】【금일발표】등의 카테고리로 나뉘어 있습니다.

▼공매차량검색 페이지의 각 카테고리

[출처 : 오토마트 홈페이지 http://www.automart.co.kr/]

'진행예정' 카테고리는 입찰신청기간이 도래 전인 차량들로, 주의사항은 보관소에 방문을 한다 하더라도 실물확인이 불가합니다.

▼공매차량검색 페이지의 진행예정 카테고리

[출처 : 오토마트 홈페이지 http://www.automart.co.kr/]

'금일시작' 카테고리는 '진행예정' 카테고리에 있던 차량들이 입찰신청기간에 도래한 차량들로 이때부터 보관소에 방문해 실물확인이 가능합니다.

▼공매차량검색 페이지의 금일시작 카테고리

[출처 : 오토마트 홈페이지 http://www.automart.co.kr/]

'입찰 중' 카테고리에는 금일 입찰이 시작된 차량부터 금일 입찰이 마감되는 차량들을 확인할 수 있습니다. 나중에 자세하게 살펴보겠습니다.

▼공매차량검색 페이지의 입찰 중 카테고리

[출처 : 오토마트 홈페이지 http://www.automart.co.kr/]

'금일마감' 카테고리는 입찰신청기간이 금일 마감되는 차량들이며, 마감시간은 10:00, 11:00, 14:00, 16:00, 24:00 등 다양하오니 필히 마감시간 확인 후 마감 전 입찰하도록 해야 합니다. 이때 주의사항은 유효한 입찰이 되기 위해선 보증금도 마감 전 납입이 되어야 하며 이와 관련해 자세한 사항은 '5. 입찰하기' 부분에서 살펴보도록 하겠습니다.

▼공매차량검색 페이지의 금일마감 카테고리

[출처 : 오토마트 홈페이지 http://www.automart.co.kr/]

'발표대기' 카테고리는 '금일발표' 카테고리의 차량 중 아직 발표 시간이 도과하지 않아 발표를 대기하고 있는 차량들이고, '금일발 표' 카테고리는 낙찰자를 발표하는 카테고리입니다.

▼공매차량검색 페이지의 발표대기 카테고리 및 금일발표 카테고리

[출처 : 오토마트 홈페이지 http://www.automart.co.kr/]

2) 차량검색하기

앞에서 살펴본 '입찰 중' 카테고리에서 차량검색이 가능하며, 필 자의 경우 편의성을 위해 다음과 같이 '⊙30건씩보기'를 클릭해 차 량을 검색합니다.

▼【입찰 중】카테고리에서 30건씩 검색 방법

[출처 : 오토마트 홈페이지 http://www.automart.co.kr/]

'⊙30건씩보기'를 클릭하면 한 페이지 당 30대의 차량을 검색할 수 있으며, ① 차량명/차량번호, ② 예정가(공매시작가), ③ 매각발표일 별 오름차순 또는 내림차순의 정렬이 가능합니다.

▼【입찰 중】카테고리 정렬방법 방법

전체	관공서 공매	금융기관 공매	개인 공매	회원사 공매

- 입찰상태 ○ 진행예정 ○ 금일시작 ⦿ 입찰중 ○ 금일마감 ○ 발표대기 ○ 금일발표
- 출력선택 ○ 10건씩 보기 ○ 20건씩 보기 ⦿ 30건씩 보기
- 진행기관 [전체 ▼]   · 보관소 [전체 ▼]
- 차 량 명 [   ]   · 모델연도 [전체 ▼]   · 예정가 [전체 ▼]   [검색]
- 차량번호 [   ]   · 변 속 기 [전체 ▼]   · 연 료 [전체 ▼]

No	차량번호 ▲▼ 차 량 명 ▲▼	진행기관 ▲▼ 보 관 소 ▲▼	공고번호	모델연도▲▼ 변속기 ▲▼	예정가 ▲▼ (공매시작가)	입찰신청 마감일시	매각발표일 (시간) ▲▼	점검 영상	구분
1	XXX9993 (LPG) 카렌스	회원사공매 오토마트 대구보관소	2018-3664	2007 자동	1,500,000원	06/05 (12:00)	06/05 (14:00)		입찰
2	XXX4501 (경유) 봉고3 4륜구동	회원사공매 오토마트 대구보관소	2018-3665	2010 수동	6,700,000원	06/05 (12:00)	06/05 (14:00)		입찰
3	XXX3949 (경유) 액티언	회원사공매 오토마트 고양보관소	2018-3666	2008 자동	2,600,000원	06/05 (12:00)	06/05 (14:00)		입찰
4	XXX1948 (경유) 로디우스	회원사공매 오토마트 고양보관소	2018-3667	2007 자동	3,200,000원	06/05 (12:00)	06/05 (14:00)		입찰
5	XXX7947 (경유) 싼타페	회원사공매 오토마트 고양보관소	2018-3668	2006 자동	4,400,000원	06/05 (12:00)	06/05 (14:00)		입찰

[출처 : 오토마트 홈페이지 http://www.automart.co.kr/]

예를 들어 BMW 등 특정차량을 위주로 입찰을 하시는 분들은 위 정렬방법 중 '① 차량명' 검색방법을 활용하시면 되고, 예를 들어 500만 원짜리 차량 또는 1,000만 원짜리 차량 등 사용 가능 자산에 맞춰 입찰을 하시는 분들은 위 정령방법 중 '② 예정가' 검색방법을 활용 하시면 되며, 또는 필자와 같이 마감 당일 입찰을 하시는 분들은 '③ 매각발표일' 검색방법의 활용이 가능합니다.

3. 개인공매

공매차량을 검색하다 보면 개인공매 차량을 발견할 수 있습니다. 개인공매란 개인 소유의 차량을 공매방식으로 오토마트에 매각 신청하는 서비스로, 출품절차는 '출품상담', '견인입고', '차량점검', '공매진행', '소유권 이전', '공매완료'의 순으로 진행됩니다.

1) 출품상담

개인공매로 차량을 매각하려면 먼저 오토마트의 홈페이지 또는 고객센터를 통해 상담신청을 해야 합니다. 단, 취소 시 상황에 따라 비용이 발생할 수 있습니다.

▼개인공매 출품비용(부가세별도)

항목	금액	비고
출품수수료	국산차 : 50,000원 수입차 : 70,000원	공매진행수수료
견인비용	본인입고 : 없음 탁송의뢰 : 실비	

[출처 : 오토마트 홈페이지 http://www.automart.co.kr/]

▼개인공매 반환비용(부가세별도)

항목	금액	비고
출품수수료	50,000원	공매진행수수료
차량보관료	50,000원	공매진행수수료
견인비용(탁송의뢰)	실비	
포기보증금 발생시	2%	인수거부 당시 낙찰금액기준

[출처 : 오토마트 홈페이지 http://www.automart.co.kr/]

2) 차량입고

　개인공매 출품이 확정되면 오토마트 보관소로 차량을 입고해야
합니다. 본인이 직접 오토마트 보관소에 차량을 입고할 수도 있고,
필요시 견인요청을 할 수도 있습니다. 유의사항으로 입고 전 개인
용품을 반드시 정리해야 합니다. 차량입고 후 오토마트는 보관 및
점검 외 출품차량을 운행하지 않으며, 차량 파손 및 분실 등에 대
한 책임도 부담합니다. 차량 입고 시 구비서류는 다음과 같습니다.

▼ 차량입고 시 구비서류

필요서류	개인	개인 사업자	법인 사업자
자동차 등록증	●	●	●
인감증명서	●	●	●
인감도장(법인인감도장)	●	●	●
차량소유자 통장 사본	●	●	●
자동차 양도증명서	●	●	●
자동차 양도행위 위임장	●	●	●
사업자등록증 사본	×	●	●
법인 인감증명서	×	×	●
법인 등기부등본 사본(말소사항 포함)	×	×	●

[출처 : 오토마트 홈페이지 http://www.automart.co.kr/]

3) 차량점검

　개인공매 차량의 정보 제공을 위해 상세점검과 사진을 촬영합니
다. 또한 사고이력과 상세 제원 등도 확인합니다. 특히 개인공매차
량은 전문가의 점검과정 및 주행테스트를 동영상으로 촬영합니다
(동영상 내용 : 엔진룸/시동, 내부/옵션, 외부, 주행/하부/총평). 단, 7년

이상 운행한 노후차 또는 주행거리가 10Km 이상인 차량은 제외
될 수 있습니다.

4) 공매진행

차량 점검결과를 기초로 출품자와 공매시작금액 및 일정을 협의
후 공매를 진행합니다. 공매가 진행되면 오토마트 홈페이지에 출
품차량이 등록됩니다.

5) 소유권이전

출품차량의 낙찰 후 낙찰자가 잔금과 소유권이전 비용을 지불하
면 낙찰자에게 차량소유권이 이전되며, 소유권이전 완료 후 안내
장, 이전완료 자동차등록원부(자동차보험 해지 시 필요), 낙찰금 공제
내역서, 낙찰금 이체확인증 등을 택배로 발송해줍니다.

6) 공매완료

공매가 완료되면 낙찰금을 지급해줍니다. 단, 지급 시 수수료를
정산한 금액이 입금됩니다.

4. 차량점검서

간혹 폐차수준의 차량들을 제외하고는 오토마트에서 공매가 진
되는 대부분의 차량들에는 차량점검서가 제공됩니다. 오토마트의
차량점검서는 〈자동차관리법〉제58조 제1항 및 同法 시행규칙 제

120조 제1항에 따라 작성되며 차량점검서를 살펴보는 방법은 다음 자료와 같습니다.

▼**차량점검서 확인 방법**

차량순번	1	차량번호	XXX0860	차량명	BMW 118d Sport (경유)
모델연도/기어	2016 / 자동	주행거리	65,924	공고	2018-866 (1차)
예 정 가	19,000,000	색상/배기량	흰색 / 1995cc	보관소	오토마트 인천보관소
유의사항	공매차량 특성상 점검내용이 상이하더라도 책임지지 않습니다. 반드시 차량 상태를 직접 확인한 후 입찰하십시오. (프론트패널/라디에이터서포트가 볼트 체결인 경우에는 교환여부 확인불가 및 클레임 불가입니다.)				
차량설명 (특이사항)	□매수대금 납부일: 매각결정 발표일의 익일 16시까지 (공고문 참조) 정식수입차량으로 계산서발행가능함,개인낙찰시 현금영수증발행불가능. 최초등록일 2015-11-18. 차량키1EA. 메뉴얼있음. 엔진오일서비스경과메시지점등.엔진하단커버일부훼손				

◉ 할부가능 차량 안내 서비스 더 알아보기 >

- 대상차량 : 오토마트 보관소에 보관중인 공매차량 중 매각예정가격 200만원 이상인 차량(연식 10년이내)
- 대 상 자 : 할부신청을 하여 심사 승인된 공매차량 낙찰자 (오토마트 할부서비스에서 사전 접수신청)

차량점검서 보기   전체 사진 보기

[출처 : 오토마트 홈페이지 http://www.automart.co.kr/]

　그러나 여기서 주의해야 할 점은 판매자와 오토마트가 제공하는 차량점검서는 입찰자의 편의를 위해서 제공되는 참고자료일 뿐이기에 차량점검서에 대해 판매자와 오토마트는 민·형사상의 의무를 부담하지 않는다는 것입니다. 이는 차량점검서 클릭 시 팝업창으로 고지되는 사항이며 상기 고지에 대해 입찰자가 확인을 해야만 차량점검서를 볼 수 있습니다.

　거듭 강조하지만 차량점검서는 참고자료일 뿐입니다. 그런 일은 거의 없지만 차량점검은 사람이 하는 일이다 보니 실수가 발생할 수도 있습니다.
그런 이유로 차량점 **▼차량점검서 고지사항**
검서는 단순참고자
료일 뿐이며 이런 고
지에 대해 확인을 했
기 때문에 설사 차량
점검서에 하자가 있
어 낙찰자에게 손해
가 발생된다 할지라

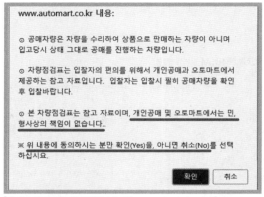

www.automart.co.kr 내용:

◎ 공매차량은 차량을 수리하여 상품으로 판매하는 차량이 아니며 입고당시 상태 그대로 공매를 진행하는 차량입니다.

◎ 차량점검표는 입찰자의 편의를 위해서 개인공매과 오토마트에서 제공하는 참고 자료입니다. 입찰자는 입찰시 필히 공매차량을 확인 후 입찰바랍니다.

◎ 본 차량점검표는 참고 자료이며, 개인공매 및 오토마트에서는 민, 형사상의 책임이 없습니다.

※ 위 내용에 동의하시는 분만 확인(Yes)을, 아니면 취소(No)를 선택 하십시오.

[확인] [취소]

[출처 : 오토마트 홈페이지 http://www.automart.co.kr/]

도 판매자와 오토마트에게 민·형사상의 책임을 물을 수 없습니다.
그럼 차량점검서를 각 세부내역으로 살펴보도록 하겠습니다.

▼차량점검서(차량기본정보)

● 차량 기본 정보 [차량번호 : XXX0860]							
1. 차량번호	XXX0860	2. 메 이 커	BMW	3. 차 량 명	BMW 118d Sport
4. 모델연도	2016	5. 연료타입	경유	6. 주행거리	65,924
7. 변 속 기	자동	8. 밸브타입	DOHC	9. 배 기 량	1995 cc
10. 구동방식	후륜	11. 실린더수량	4	12. 차량타입	승용
13. 색 상	흰색	14. 원동기형식	B47D20A	15. 차대번호	WBA1S5105G5A77048

[출처 : 오토마트 홈페이지 http://www.automart.co.kr/]

차량점검서 가장 상부【●차량 기본 정보】란에는 차량에 대한 기
본 정보들이 나와 있으며 여기서 습득할 수 있는 정보들은 당해 차
량의 차량번호, 제작사, 차명, 연식, 연료타입(휘발유, 경유, LPG 등),
주행거리, 변속기타입(오토, 수동 등), 밸브타입(DOHC, COHC등),
배기량, 구동방식(전륜, 후륜, 4륜구동 등), 실린더수량, 차량타입, 색

180   한 권으로 끝내는
자동차 경매

상, 원동기형식, 차대번호 등입니다.

차량번호는 자동차 등록원부 열람 시 필수적인 필요 사항이고, 연식·연료타입·변속기타입·배기량·구동방식은 중고차의 가격을 결정하는 중요 부분입니다. 예를 들자면 휘발유가격에 따라 영향을 받겠지만 아직까지는 동일한 차종이라면 휘발유를 사용하는 차보다 경유를 사용하는 차의 중고차 시세가 높게 형성되어 있습니다.

또한 평균적으로 수동변속기보다는 자동변속기가 장착된 차량들이 신차도 비쌀 뿐더러 중고차 가격도 높게 형성되어 있습니다. 그런데 간혹 어떤 차량들은 수요공급의 원칙에 따라 희귀한 수동변속기가 레어템으로 인정받아 더 고가에 거래되는 경우도 있습니다.

특히 SUV 차량의 경우 예전 차량들은 대부분 4륜구동으로 제작이 되었는데, 어느 시점부터 기본트림은 2륜구동이고 최고트림에만 4륜구동을 적용하거나 아예 4륜구동을 백만원 내지 수백만 원상당의 옵션으로 선택하기 때문에 동일한 차량이라 할지라도 4륜구동 여부는 신차 값은 물론 중고차 가격에도 큰 영향을 미치는 부분이 됩니다. 그래서 4륜구동이 출시되는 차량의 경우 입찰가격 산정 시 당해 차량의 4륜구동 여부를 필히 확인해봐야 합니다.

▼차량점검서(옵션정보)

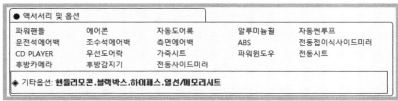

[출처 : 오토마트 홈페이지 http://www.automart.co.kr/]

차량점검서의 두 번째 칸은 당해 차량의【●액서서리 및 옵션】정보들이 명시됩니다. 위에서 살펴본 차량 기본 정보 상의 변속기타입, 연료타입, 구동방식과 같이 액서서리 및 옵션 정보들도 차량가격에 큰 영향을 미치는 부분입니다.

각 옵션들의 선호도는 운전자의 성향에 따라 호불호가 나뉘지만 기본적으로 전동접이식사이드미러, 열선시트, 가죽시트, 내비게이션, ABS, 에어백 등은 대부분의 운전자들이 선호하는 옵션이며, 중고차를 사서 이런 옵션들을 애프터마켓(Aftermarket)에서 장착을 하게 된다면 만만찮은 비용을 지불하게 되기에, 옵션 여부에 따라 차량이 얼마만큼 빨리 매각될 수 있느냐가 결정될 수도 있고, 얼마라도 더 차량 가격을 받을 수 있기 때문에 중요하게 확인해야 될 사항들입니다.

여기서 팁을 드리자면 간혹 고가에 중고마켓에서 거래되는 사제메이커휠, 또는 사제메이커오디오시스템이 장착된 차량을 낙찰 받을 수도 있을 것입니다. 그 경우 사제휠과 사제메이커오디오시스템을 분리해 중고마켓에서 별도의 상품으로 거래하고, 사제휠과 사제메키어오디오시스템을 떼어낸 자리에는 순정휠과 순정오디오시스템을 삽입해 판매하면 됩니다. 이는 중고차를 팔아보신 분들은 잘 아시겠지만 사제메이커휠이나 사제메이커오디오시트템이 장착되어 있다고 특별하게 더 매각대금이 올라가지 않기 때문입니다.

【●차량상태정보】칸은 정보가 많기에 上·中·下로 나눠보았으며 上에서는 차량의 기능적인 면들인 ◆기본점검, ◆엔진/엔진룸, ◆

브레이크, ◆조향장치/동력전달장치/타이어, 하체소음, ◆오디오
SYSTEM, 옵션장치성능, 외장 램프/에어컨, 히터, 환기장치 등을 살
펴볼 수 있습니다.

▼차량점검서(상태정보上)

● 차량상태정보 (비교단위 : 상, 중, 하)					
◆ 기본점검					
BATTERY 비중 및 전압	중	엔진오일량 및 색도	하	부동액량 및 비중	중
파워오일량 및 색도		브레이크량 및 색도	중	미션오일량 및 색도	중
◆ 엔진 / 엔진룸					
초기 시동성	중	공전 RPM 안전성	중	배출가스 색	중
Oil / Water 누유	중	각종 벨트 장력	중	엔진룸 청결도	하
계기판게이지 및 센서작동	중				
◆ 브레이크					
제동성능	중	소음 및 떨림	중	주차브레이크 성능	중
◆ 조향장치 / 동력전달장치 / 타이어, 하체소음					
조향력	중	차량 직진성	중		
변속 성능	중	과도한마모로 인한 이상음	중		
비정상적인 과다마모	중	하체 소음	중	이종크기나 타사제품	
◆ 오디오 SYSTEM, 옵션장치성능, 외장 램프 / 에어컨, 히터, 환기장치					
오디오 SYSTEM	중	파워윈도우	중	파워사이드 미러	중
자동 도어락	중	전동시트	중	썬루프	중
헤드램프	중	시그널 램프	중	콤비네이션 램프	하
안개등	중	에어컨 성능	중	히타 성능	중
콤프레샤/송풍 소음	중				

[출처 : 오토마트 홈페이지 http://www.automart.co.kr/]

◆기본점검 사항에서는 육안으로도 기본적인 확인이 가능한 각
종 오일(엔진오일, 파워오일, 미션오일, 브레이크오일) 및 부동액, 배터
리의 상태를 확인할 수 있습니다. 기본점검 사항에서 확인할 수 있
는 사항들은 어차피 주기적으로 교체를 해야 하는 부분이기에 상태
가 상, 중, 하로 표기되어 있더라도 크게 걱정하지 않으셔도 됩니다.

◆엔진/엔진룸 사항 중 엔진룸 청결도 사항은 어차피 청소를 하

면 그뿐이기에 크게 신경 쓰지 않는다 하더라도 그 외 사항들은 ◆ 기본점검 사항과는 다르게 꼼꼼하게 살펴볼 필요가 있는 사항들입니다. 초기 시동성, 공전 RPM 안전성은 엔진과 관련된 문제일 수도 있는 사항으로 각각의 증상에 따라 다르기야 하겠지만, 만에 하나라도 위와 같은 문제들이 엔진을 구성하는 피스톤, 커넥팅 로드, 실린더 블록, 크랭크축, 실린더 헤드로 인한 문제라면 수리를 위해 상상 이상의 공임이 청구될 수도 있는 부분입니다.

배출가스 역시 필터교환, 인젝터청소, EGR밸브청소 등으로 해결되는 경우도 있으나 배기 부분 중 중통을 교체해야 하는 경우, 중통은 내부가 백금으로 이루어져 있는 부품으로 상상 이상의 비용을 지불하게 되는 요소입니다. 또한 배출가스와 관련해 제때 문제를 해결하지 않을 경우 환경에 악영향을 미침은 물론 배출가스 정밀검사 시 불합격처리가 될 수 있고 배출가스와 관련한 과태료도 부가 받을 수 있는 부분입니다.

◆브레이크 사항은 디스크 교체를 제외하고는 부품비나 공임이 큰 부분은 아니지만 운전자의 안전과 직결된 부분이기에 주의 깊게 살펴봐야 될 부분이고, ◆조향장치/동력전달장치/타이어, 하체 소음 사항의 경우도 부품비나 공임이 큰 부분은 아니나 안전과 직결되기에 역시 유심히 살펴봐야 될 부분입니다. 특히 차량 직진성이 좋지 않은 차량의 경우 그 원인이 휠하우스 관련사고 때문이라면 휠 얼라이먼트로 교정이 불가할 수도 있습니다.

◆오디오 SYSTEM, 옵션장치성능, 외장 램프/에어컨, 히터, 환기 장치 사항 역시 큰 수리비용이 발생되는 부분이 아니기에 크게 걱정을 하지 않아도 되는 부분이나 주의할 점은 에어컨의 경우 생각 지도 않은 비용이 자주 발생되는 부분이니 꼭 확인이 필요하며 특히 겨울철에는 간과하기 쉬운 부분인데, 겨울철이라도 에어컨은 꼭 확인하는 습관을 들여야만 합니다.

▼**차량점검서(상태정보中)**

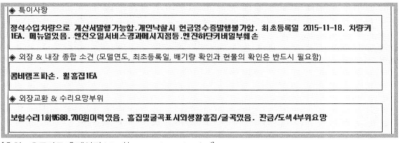

[출처 : 오토마트 홈페이지 http://www.automart.co.kr/]

상태정보 中에서는 ◆특이사항란, ◆외장&내장 종합 소견, ◆외장교환&수리요망부위 사항란에 감정평가사들이 상세하게 당해차량의 특이점들이 명시하기에 중요 정보들을 얻을 수 있어 차량점검서에서 가장 중요한 부분입니다. 또한 최초등록일도 대부분 특이사항란에 명시되어 있는데, 최초등록일이란 당해 차량이 최초로 등록되어 실제 운행을 시작한 일자로 중고차 가격 산정 시 연식보다 더 중요하게 적용되는 부분입니다. 그 외 차량에서 가장 많은 수리비가 발생할 수 있는 엔진이나 미션의 문제점 등도 특이사항란에 기재를 하기 때문에 주의 깊게 살펴봐야 됩니다.

▼**차량점검서(상태정보下)**

◆ 차량상태		
교환경력 부분		
수리경력 부분		
도색경력 부분	A,Q	
굴곡발생 부분	C,F	
흠집발생 부분	J,Q	
기타 유의사항	**현물반드시확인요망**	

뒤   A
C   D   E
F   G   H
I   J
K   M   O
Q   앞

A [뒤범퍼]	C [뒷휀다(우)]	D [트렁크]	E [뒷휀다(좌)]	F [뒷도어(우)]
G [루프]	H [뒷도어(좌)]	I [앞도어(우)]	J [앞도어(좌)]	K [앞휀다(우)]
M [본넷트]	O [앞휀다(좌)]	Q [앞범퍼]		

[출처 : 오토마트 홈페이지 http://www.automart.co.kr/]

【●차량상태정보】의 마지막 부분(下)인 ◆차량상태 부분에서는 당해 차량의 교환경력 부분, 수리경력 부분, 도색경력 부분, 굴곡발생 부분, 흠집발생 부분 및 기타 유의사항에 대한 정보를 습득할 수 있습니다.

뒷휀다, 루프 등을 교환한 차량은 흔히들 사고차량으로 분류되어 일반차량보다도 가격감가가 크기에 해당 부위의 교환 여부를 꼼꼼하게 살펴봐야 됩니다. 그러나 앞뒤범퍼, 앞뒤도어 중 한부분만 단순 교환된 차량은 큰 사고가 없이 단순 접촉사고로 교환되었을 가능성이 크기에 크게 신경을 쓰지 않아도 됩니다.

중요 사항으로 좌우측면의 3부위 이상이 연속해 교환 또는 수리되었거나, 앞뒤부분의 3부위 이상이 연속해 교환 또는 수리된 차량은 큰 사고를 수리한 차량으로 예상됩니다. 예를 들자면 앞범퍼, 좌우앞휀다, 본네트가 교환 또는 수리된 차량은 앞부분에 큰 사고가 있었던 차일 것이고, 뒤범퍼, 좌우뒷휀다, 트렁크가 교환 또는 수리된 차량은 뒷부분에 큰 사고가 있었던 차량일 것입니다. 큰 사고가 있었던 차량은 100% 완벽한 수리가 힘들뿐더러 중고차 가격의 감가도 크기에 주의가 필요합니다.

5. 차량보관소 방문

1) 전국 차량보관소 정보

오토마트는 전국에 21개의 오토마트 공매 차량보관소를 운영 중이며 입고된 차량을 철저하게 보관·관리되고 있으며 각 차량보관소 별 정보는 다음과 같습니다.

■인천보관소
· 차량확인 가능시간 : 월~금요일 10~17시, 토요일 10~12시
· 점심시간 : 12 ~ 13시 30분(점심시간은 차량확인 불가)
· 주소 : 인천광역시 서구 오류동 1549-4(갑문1로 20)
· 전화번호 : ☎ 032-578-0442
· 팩스번호 : ☏ 032-578-0444

■강릉보관소
· 차량확인 가능시간 : 월~금요일 10~17시
· 점심시간 : 12 ~ 13시 30분(점심시간은 차량확인 불가)
· 주소 : 강원도 강릉시 가작로 153 (교동) 애니카랜드
· 전화번호 : ☎ 033-645-9939
· 팩스번호 : ☏ 033-655-4559

■경기남부보관소
· 차량확인 가능시간 : 월~금요일 10~17시
· 점심시간 : 12시 ~ 13시 30분(점심시간은 차량확인 불가)
· 주소 : 경기도 화성시 양감면 은행나무로 432-6
· 전화번호 : ☎ 031-354-0580
· 팩스번호 : ☏ 031-354-0237

■경기동부보관소
· 차량확인 가능시간 : 월~금요일 10~17시
· 점심시간 : 12시 ~ 13시 30분(점심시간은 차량확인 불가)
· 주소 : 경기도 광주시 도척면 도척로 765번길 85
· 전화번호 : ☎ 031-797-7131
· 팩스번호 : ☏ 031-797-7137

■경남보관소
· 차량확인 가능시간 : 월~금요일 10~17시
· 점심시간 : 12 ~ 13시 30분(점심시간은 차량확인 불가)
· 주소 : 경상남도 창원시 덕동길 26(덕동동)
· 전화번호 : ☎ 055-251-4911
· 팩스번호 : ☏ 055-251-4912

■고성보관소
· 차량확인 가능시간 : 월~금요일 10시~17시
· 점심시간 : 12시 ~ 13시 30분(점심시간은 차량확인 불가)
· 주소 : 강원도 고성군 죽왕면 선유담길 68(기아 오토큐)
· 전화번호 : ☎ 033-631-7001
· 팩스번호 : ☏ 033-631-7003

■고양보관소
· 차량확인 가능시간 : 월~금요일 10~17시
· 점심시간 : 12 ~ 13시 30분(점심시간은 차량확인 불가)
· 주소 : 경기도 고양시 일산동구 고봉로 578번길 95-1(성석동)
· 전화번호 : ☎ 031-968-8092
· 팩스번호 : ☏ 031-968-8093

■광주보관소
· 차량확인 가능시간 : 월~금요일 10~17시
· 점심시간 : 12 ~ 13시 30분(점심시간은 차량확인 불가)
· 주소 : 광주광역시 북구 하서로 648
· 전화번호 : ☎ 062-952-3677
· 팩스번호 : ☏ 062-952-2677

■대구보관소
· 차량확인 가능시간 : 월~금요일 10~17시
· 점심시간 : 12 ~ 13시 30분(점심시간은 차량확인 불가)
· 주소 : 대구광역시 북구 검호동 416번지
· 전화번호 : ☎ 053-323-7063
· 팩스번호 : ☏ 053-312-7063

■대전보관소
· 차량확인 가능시간 : 월~금요일 10~17시
· 점심시간 : 12 ~ 13시 30분(점심시간은 차량확인 불가)
· 주소 : 대전광역시 대덕구 석봉동 312-39
· 전화번호 : ☎ 042-283-6987
· 팩스번호 : ☏ 042-271-6524

■동해보관소
· 차량확인 가능시간 : 월~금요일 10~17시
· 점심시간 : 12 ~ 13시 30분(점심시간은 차량확인 불가)
· 주소 : 강원도 동해시 한섬로 123(천곡동)
· 전화번호 : ☎ 033-535-2955
· 팩스번호 : ☏ 033-533-7858

■목포보관소
· 차량확인 가능시간 : 월~금요일 10~17시
· 점심시간 : 12시 ~ 13시 30분(점심시간은 차량확인 불가)
· 주소 : 전라남도 목포시 대양산단로200번길 148
· 전화번호 : ☎ 061-285-3256
· 팩스번호 : ☏ 061-282-8440

■부산보관소
· 차량확인 가능시간 : 월~금요일 10~17시
· 점심시간 : 12 ~ 13시 30분(점심시간은 차량확인 불가)
· 주소 : 부산광역시 강서구 대저중앙로 370-5
· 전화번호 : ☎ 070-4122-9320
· 팩스번호 : ☏ 055-325-5563

■삼척보관소
· 차량확인 가능시간 : 월~금요일 10~17시
· 점심시간 : 12 ~ 13시 30분(점심시간은 차량확인 불가)
· 주소 : 강원도 삼척시 동해대로 4303(갈천동)
· 전화번호 : ☎ 033-573-5191
· 팩스번호 : ☏ 033-574-1009

■속초보관소
· 차량확인 가능시간 : 월~금요일 10~17시
· 점심시간 : 12시 ~ 13시 30분(점심시간은 차량확인 불가)
· 주소 : 강원도 속초시 번영로 176
· 전화번호 : ☎ 033-635-4660
· 팩스번호 : ☏ 033-635-4667

■순천보관소
· 차량확인 가능시간 : 월~금요일 10~17시
· 점심시간 : 12 ~ 13시 30분(점심시간은 차량확인 불가)
· 주소 : 전라남도 순천시 팔마3길 23(연향동)
· 전화번호 : ☎ 061-743-8890
· 팩스번호 : ☏ 061-743-8892

■안동보관소
· 차량확인 가능시간 : 월~금요일 10~17시
· 점심시간 : 12 ~ 13시 30분(점심시간은 차량확인 불가)
· 주소 : 경상북도 안동시 앙실3길 21-4(수하동)
· 전화번호 : ☎ 054-857-8723
· 팩스번호 : ☏ 054-857-8724

■양구보관소
· 차량확인 가능시간 : 월~금요일 10~17시
· 점심시간 : 12시 ~ 13시 30분(점심시간은 차량확인 불가)
· 주소 : 강원도 양구군 양구읍 중심로 9
· 전화번호 : ☎ 033-481-2500
· 팩스번호 : ☏ 033-482-1172

■울진보관소
· 차량확인 가능시간 : 월~금요일 10~17시
· 점심시간 : 12 ~ 13시 30분(점심시간은 차량확인 불가)
· 주소 : 경상북도 울진군 울진읍 울진북로 814-118
· 전화번호 : ☎ 054-783-0723
· 팩스번호 : ☏ 054-781-7949

■원주보관소
· 차량확인 가능시간 : 월~금요일 10~17시
· 점심시간 : 12 ~ 13시 30분(점심시간은 차량확인 불가)
· 주소 : 강원도 원주시 단구로 224 애니카랜드개운점
· 전화번호 : ☎ 033-764-1472
· 팩스번호 : ☏ 033-766-8873

■인제보관소
· 차량확인 가능시간 : 월~금요일 10~17시
· 점심시간 : 12시 ~ 13시 30분(점심시간은 차량확인 불가)
· 주소 : 강원도 인제군 인제읍 상동리 327-1번지
· 전화번호 : ☎ 033-461-9701
· 팩스번호 : ☏ 033-461-9703

■전북보관소
· 차량확인 가능시간 : 월~금요일 10~17시
· 점심시간 : 12 ~ 13시 30분(점심시간은 차량확인 불가)
· 주소 : 전라북도 김제시 용지면 용지로 70(효정리)
· 전화번호 : ☎ 063-544-0442
· 팩스번호 : ☏ 063-544-0444

■제주보관소
· 차량확인 가능시간 : 월~금요일 10~17시
· 점심시간 : 12 ~ 13시 30분(점심시간은 차량확인 불가)
· 주소 : 제주시 아봉로 196(영평동)
· 전화번호 : ☎ 064-726-1119
· 팩스번호 : ☏ 064-753-0080

■진주보관소
· 차량확인 가능시간 : 월~금요일 10~17시
· 점심시간 : 12 ~ 13시 30분(점심시간은 차량확인 불가)
· 주소 : 경상남도 진주시 모덕로 23(상대동) 애니카랜드 상대점
· 전화번호 : ☎ 055-757-6388
· 팩스번호 : ☏ 055-752-9488

■춘천보관소
· 차량확인 가능시간 : 월~금요일 10~17시
· 점심시간 : 12 ~ 13시 30분(점심시간은 차량확인 불가)
· 주소 : 강원도 춘천시 퇴계로 58(퇴계동) 나우자동차전문정비
· 전화번호 : ☎ 033-251-3351
· 팩스번호 : ☏ 033-251-3351

■충북보관소
· 차량확인 가능시간 : 월~금요일 10~17시, 토요일 10~12시
· 점심시간 : 12 ~ 13시 30분(점심시간은 차량확인 불가)
· 주소 : 충청북도 청주시 흥덕구 강내면 상월곡길 8 110호
· 전화번호 : ☎ 043-211-6900
· 팩스번호 : ☏ 043-211-6904

■태백보관소
· 차량확인 가능시간 : 월~금요일 10~17시
· 점심시간 : 12 ~ 13시 30분(점심시간은 차량확인 불가)
· 주소 : 강원도 태백시 황지로 104(황지동) 서울공업사
· 전화번호 : ☎ 033-552-6000
· 팩스번호 : ☏ 033-552-4992

■홍천보관소
· 차량확인 가능시간 : 월~금요일 10~17시
· 점심시간 : 12 ~ 13시 30분(점심시간은 차량확인 불가)
· 주소 : 강원도 홍천군 홍천읍 구시울1길 16
· 전화번호 : ☎ 033-435-2200
· 팩스번호 : ☏ 033-435-2422

※주의사항
– 상기 차량보관소 정보의 작성 시점과 현재의 정보가 상이할 수 있으며, 각 보관소 별 차량확인 가능 시간이 상이하
오니, 방문 할 보관소의 정보 및 차량확인 가능시간을 필히 확인 후 방문하시기 바랍니다.
– 각 보관소 방문 시 기타 특이사항이 발생할 수도 있으므로 방문 전 미리 유선 문의 후 방문하시기 바랍니다.

2) 차량보관소 방문하기

앞에서 살펴본 바와 같이 차량보관소에 방문 전 각 보관소별 차량확인 가능시간을 확인할 필요가 있습니다. 특히 월요일부터 금요일까지 직장생활로 시간을 내기 힘들어 토요일만 차량확인이 가능한 분들의 경우 방문할 보관소가 토요일에 영업을 하는지 꼭 챙겨보셔야 합니다. 차량보관소 방문 시 준비물은 아래와 같습니다.

① 확인할 차량정보 출력화면

한번 방문 시 너무 많은 차량을 확인하려 하다 보면 시간에 쫓겨 중요한 부분을 확인하지 못해 낭패를 볼 수도 있습니다. 정답은 아니지만 필자의 경우 한 번 방문 시 5대 정도의 차량을 확인하는 것이 적정 수량인 듯 합니다.

② LED후레쉬

엔진룸, 차량내부, 트렁크내부, 하체 등을 확인할 때 LED후레쉬를 가져가면 많은 도움을 얻을 수 있습니다. LED후레쉬는 고가의 제품을 사용할 필요 없이 1,000원짜리 균일가숍에서 판매하는 것을 사용하더라도 충분합니다. LED후레쉬를 준비하지 못했을 경우 임시방편으로 스마트폰의 후레쉬 어플을 사용하는 방법도 있습니다.

③ 셀카봉과 돗자리

차량 하부의 부식 또는 각종 오일 등의 누유를 살펴보기 위해서는 차량 하부에 들어가서 직접 육안으로 확인하는 수밖에 없습니다. 그럴 때 셀카봉과 돗자리를 활용하면 착용한 옷이 더럽혀지지 않고 편하게 점검할 수 있습니다.

④ 카메라

차량보관소에서 직접 공매차량을 확인해보면 오토마트 홈페이지에서 확인을 할 수 없었던 많은 정보들을 습득할 수 있을 것입니다. 습득한 정보들을 일일이 노트에 옮기는 것 보다는 카메라를 이용하는 것이 훨씬 수월합니다. 필자의 경우 고가의 DSLR카메라를 사용하지 않고 스마트폰에 내장된 카메라를 이용하는데, 여태껏 불편함을 느낀 적은 한 번도 없었습니다.

⑤신분증

차량보관소에서 보관 중인 차량의 자동차열쇠를 받기 위해서는 신청서를 작성하고 신분증을 차량보관소에 맡겨두어야 합니다.

이와 같은 준비물을 준비하고 해당 차량보관소의 차량확인가능 시간에 맞춰 차량보관소에 방문을 하면 됩니다. 그런데 보통 차량검색 시 짧게는 10분에서 길게는 30여분이 소요되오니 이 점 감안해 차량보관의 업무종료시간 전에 방문하길 바랍니다.

차량의 사고여부 확인 방법은 오토마트의 차량점검서를 참고해 '도전 사고 감별사(오프라인 물건 조사)' 편에서 살펴본 방법들을 토대로 점검하시면 됩니다.

6. 입찰하기

입찰가 선정 등은 '탐정이 되어보자(온라인 물건 조사)'편에서 살펴본 방법들을 토대로 점검하시면 되기에 생략하고, 여기서는 오토마트 홈페이지의 입찰방법에 대해서만 설명해드리겠습니다.

1) 입찰참여

먼저 오토마트 차량공매의 입찰을 위해서는 '입찰 중' 카테고리에 접속 후 다음 그림과 같이 입찰에 참여할 차량 정보 우측에 있는 '입찰' 버튼을 클릭하면 됩니다.

▼입찰참여

[출처 : 오토마트 홈페이지 http://www.automart.co.kr/]

2) 공고확인

'입찰' 버튼을 클릭하면 가장먼저 매각차량에 대한 매각기관의

'공고'를 확인할 수 있습니다.

▼공고

[출처 : 오토마트 홈페이지 http://www.automart.co.kr/]

유효한 입찰을 위해 해당 '공고'에서 확인해야 하는 중요정보는
아래와 같습니다.

① 입찰신청 및 보증금납부 기간
② 입찰참여 마감일시
③ 공매결과 발표일시

그 외 필수 확인이 필요한 정보는, 각 기관마다 조금씩은 다르나 공매물건의 권리이전 및 인도에 대한 규정과 공매물건의 책임에 대해 공지하고 있습니다.

▼**공매물건의 책임규정**

15. 공매물건의 인도
   1) 공매재산은 낙찰 후에 낙찰자(개인,법인)가 직접 이전등록을 할 수 없으며, (주)오토넷운수에서 직접 이전 등록을 마친 후에 차량을 인도받을 수 있으며, 이전비용 및 등록대행 비용은 낙찰자가 부담합니다.
   (등록대행비용 : 80,000원
   단, 매매상사로 입찰을 한 경우는 이전서류를 별도 발송하며, 서류발송 및 저당해지등의 비용 40,000원을 매수대금 외에 별도 납부하여야 합니다.)
   2) 차량의 인도는 명의이전 후, 낙찰자가 직접 하여야 하며, 본인외 차량인도 시에는 낙찰자의 인감증명서 및 인감도장이 날인된 위임장이 필요합니다.
   3) 차량이전은 잔금납부일로부터 약 10일이 소요될 수 있습니다.
   (인감증명법 시행령 일부 개정에 따라 매도자용 인감증명서에 낙찰자의 인적사항이 반드시 기재되어 발급해야 되는 등등)

16. 하자책임
   공매물건에 대한 제3자의 권리침해, 공부상의 하자나 행정상의 규제,규격·품질 수량등의 상이에 대하여 ㈜오토마트에서는 일체의 책임을 지지 아니하므로, 입찰자의 책임하에 원부확인과 보관소 방문확인등의 방법으로 공매재산을 직접 확인하고 공매에 참가하여야 합니다.

[출처 : 오토마트 홈페이지 http://www.automart.co.kr/]

3) 차량조회

'공고' 바로 옆 카테고리는 '차량조회' 카테고리입니다. 해당 공고에서 동일한 차량이 두 건 이상 공매가 진행되는 경우 A라는 차량에 입찰을 해야 됨에도 B라는 차량에 입찰하는 실수를 범할 수 있으니 입찰하려는 차량의 차량번호 등을 재확인해야 합니다.

▼입찰차량 재확인

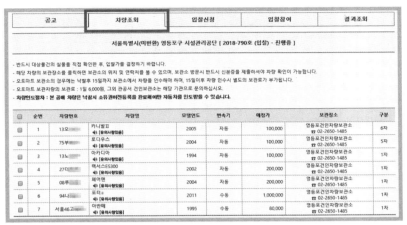

[출처 : 오토마트 홈페이지 http://www.automart.co.kr/]

4) 입찰신청

차량조회까지 재확인해본 결과 이상이 없다면 본격적인 입찰신청을 진행하게 됩니다. '입찰신청' 카테고리에서는 입찰자가 반드시 숙지해야 하는 유의사항들이 명시되어 있습니다. 충분하게 숙지한 후 동의하시기 바랍니다.

▼입찰자 유의사항 동의

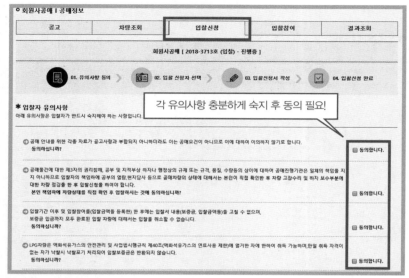

[출처 : 오토마트 홈페이지 http://www.automart.co.kr/]

5) 입찰참여

지금부터의 과정이 본격적인 입찰참여 과정입니다. 주의할 점은
입찰참여는 입찰신청은 했지만 입찰가를 등록하지 않은 차량에 한
해 참여마감시간까지 입찰금액을 등록할 수 있고, 입찰금액은 입찰
신청에서 설정한 보증금의 10배 한도 내에서 응찰이 가능하며 보
증금은 입찰신청에서 먼저 설정해야 합니다. 또한 입찰금액은 한
번만 응찰할 수 있으며 응찰한 후에는 보증금 및 입찰금액의'수정/
삭제/취소'가 불가합니다.

상기 주의사항 숙지 후 다음 그림과 같이 입찰신청자를 구분한

후 입찰자가 개인일 경우 주민등록번호, 법인일 경우 법인등록번호, 매매상사일 경우 대표자의 주민등록번호를 기재한 후 비밀번호를 기재하면 되며 비밀번호는 중요 부분이니 잊어버리지 않도록 메모가 필요합니다.

▼입찰참여 ①

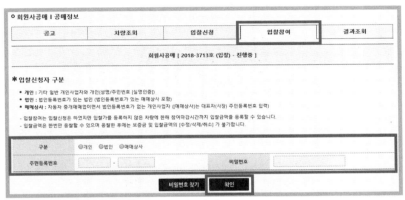

[출처 : 오토마트 홈페이지 http://www.automart.co.kr/]

입찰신청자 정보 기재 후 확인을 누르면 자동으로 다음과 같은 화면으로 이동됩니다. 이동된 화면에는 ① 입찰자 신청 정보, ② 입찰 신청자 세부정보, ③ 입찰 차량 정보, ④ 공매보증금 납부계좌 및 환불계좌, ⑤ 입찰유의사항 등의 칸이 있습니다.

▼입찰참여 ②

○ 회원사공매 l 공매정보

| 공고 | 차량조회 | 입찰신청 | 입찰참여 | 결과조회 |

회원사공매 [2018-3713호 (입찰) - 진행중]

01. 유의사항 동의 > 02. 입찰 신청자 선택 > 03. 입찰신청서 작성 > 04. 입찰신청 완료

★ 입찰자 신청 정보 [개인 신규]

| 주민등록번호 | 770629-xxxxxxx | 비밀번호 | ---- | 비밀번호확인 | |

★ 입찰 신청자 세부 정보 [입찰신청일자 : 2018년 06월 05일]   [나의 입찰정보 가져오기]

성명		[실명인증 >] ※ [실명인증]을 해주십시오.
공동명의자	□공동명의로 입찰하려면 체크하시고 아래의 공동명의자의 정보를 반드시 기술하십시오.
	공동명의자 이름	[⊞]	주민등록번호(공동명의자)	[ ]-[ ]
주소	[ ]-[ ] [주소찾기 >] ※ 등본상의 주소지를 [주소찾기]로 검색하여 입력해 주십시오.
	※ 주소 선택후 하단칸에 세부 주소를 정확히 입력해 주십시오.
	※ 낙찰시 이전등록을 위해 동.호수등을 반드시 입력해 주십시오.
전화번호	[ ]-[ ]-[ ]	핸드폰	[ ]-[ ]-[ ]

★ 입찰 차량 정보 [2018.06.07 12:00]

순번	차량번호	자량명	매각예정가격	공매보증금 (예정가의 10%)	입찰금액
1	59수▨▨▨	뉴SM5	4,100,000원	410,000원	[ ]원
		수수료(입금여부자동확인 및 환불 이체수수료)		1000 원	

• 입찰금액 최소입력단위 : 1,000원 단위 이상   입금할 총합계 금액 (1 대) :   411,000 원

[출처 : 오토마트 홈페이지 http://www.automart.co.kr/]

① 입찰자 신청 정보

해당 칸에는 입찰신청자 구분 시 기재한 비밀번호와 동일한 비밀번호를 재입력해야 합니다.

▼입찰자 신청 정보(비밀번호 재기재)

★ 입찰자 신청 정보 [개인 신규]

| 주민등록번호 | 770629-xxxxxxx | 비밀번호 | ---- | 비밀번호확인 | [ ] |

앞 화면에서 기재한 비밀번호를 재기재 해야 합니다.

[출처 : 오토마트 홈페이지 http://www.automart.co.kr/]

② 입찰 신청자 세부정보

회원가입 후 입찰을 신청한 경우 '나의입찰정보 가져오기'를 클릭하면 자동으로 입찰 신청자 세부 정보가 기재되기에 매우 편리합니다. 비회원 입찰의 경우 성명 기재 후 실명 인증을 하고 그 외 추가로 주소와 전화번호를 기재하면 됩니다.

회원가입 후 입찰을 신청하건 비회원으로 입찰을 신청하건 공동명의로 입찰을 하는 경우 동일하게 우측 상단의 체크박스 클릭 후 공동명의자의 정보를 추가로 기재해야 됩니다.

▼입찰 신청자 세부 정보

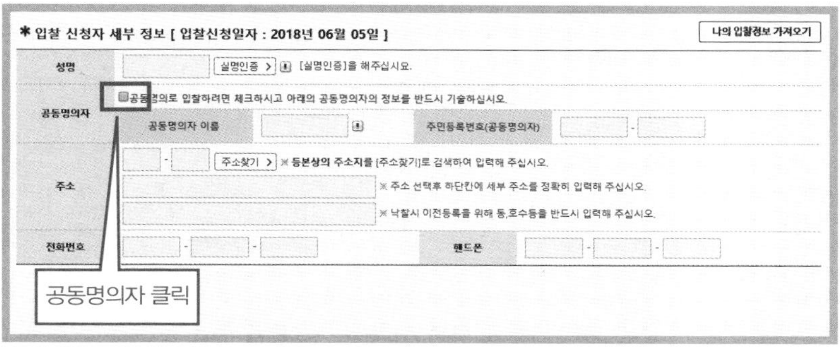

[출처 : 오토마트 홈페이지 http://www.automart.co.kr/]

③ 입찰 차량 정보

'입찰차량 선택하기'를 클릭하면 해당 공고에서 매각 진행 중인 차량의 리스트가 표시됩니다.

▼입찰차량 선택하기 클릭

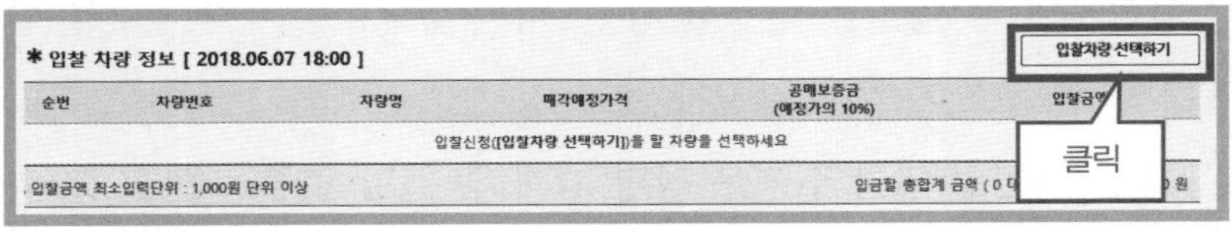

✱ 입찰 차량 정보 [2018.06.07 18:00]					입찰차량 선택하기
순번	차량번호	차량명	매각예정가격	공매보증금 (예정가의 10%)	입찰금액
		입찰신청(입찰차량 선택하기)을 할 차량을 선택하세요			클릭
입찰금액 최소입력단위 : 1,000원 단위 이상				입금할 총합계 금액 (0 대)	원

[출처 : 오토마트 홈페이지 http://www.automart.co.kr/]

'입찰차량 선택하기'를 클릭 후 팝업 된 입찰차량 목록선택에서
해당 입찰차량을 선택하면 됩니다.

▼입찰차량 목록 선택

Ⓜ AUTOMART					닫기 ×
◉ 공매 [제 2018-790호] (총 7 대)					차량선택 완료

☐	순번	차량번호	차량명	모델연도	예 정 가	보 관 장 소
☐	1	13오■■	카니발Ⅱ	2005	100,000원	영등포견인차량보관소 ☎ 02-2650-1485
☐	2	75부■■	로디우스	2004	100,000원	영등포견인차량보관소 ☎ 02-2650-1485
☐	3	13노■■	아카디아	1994	100,000원	영등포견인차량보관소 ☎ 02-2650-1485
☐	4	27더■■	렉서스ES300	2002	200,000원	영등포견인차량보관소 ☎ 02-2650-1485
☐	5	08루■■	체어맨	2004	200,000원	영등포견인차량보관소 ☎ 02-2650-1485

[출처 : 오토마트 홈페이지 http://www.automart.co.kr/]

지금부터 가장 중요한 부분입니다. 입찰차량 선택 후 다음그림
중 네모칸에 임찰금액을 기재해야 합니다. 입찰금액의 입력단위는
1,000원 단위 이상이며 입찰 후 수정이 불가합니다. 공매보증금은
매각예정가격의 10%입니다.

▼입찰보증금 및 입찰금액

[출처 : 오토마트 홈페이지 http://www.automart.co.kr/]

④ 입찰보증금 납부계좌 및 입찰보증금 환불계좌

ⓐ부분은 입찰자가 공매보증금을 납부해야 하는 가상계좌이고, ⓑ부분은 당해 입찰에서 낙찰되지 않았을 경우 입금한 공매보증금을 환불받는 본인의 계좌로 은행명과 예금주가 불일치할 경우 보증금은 환불되지 않을 수도 있으니 기재 꼭 다시 확인하셔야 합니다. 특히 공매보증금은 납부마감일까지 납부하셔야 유효한 입찰이 됩니다.

▼납부계좌 및 환불계좌

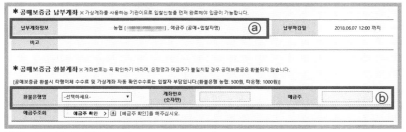

[출처 : 오토마트 홈페이지 http://www.automart.co.kr/]

⑤입찰유의사항

최종적으로 아래와 같은 입찰유의사항 확인 후 입찰신청을 클릭하면 입찰신청이 완료됩니다.

※입찰유의사항

▣공매보증금 및 입찰금액 설정 안내

- 공매보증금은 매각예정가의 10% 고정 금액으로 설정되며, 입찰금액은 1,000원 단위 이상으로 응찰할 수 있습니다.

- 공매보증금의 납부계좌는 가상계좌를 사용하며, 예금주명은 [공매+입찰자명] 형태로 발급됩니다.

- 입찰금액을 등록하지 않고 공매보증금을 입금한 경우에는 입찰금액을 [입찰참여]에서 등록합니다(입찰금액이 0원인 경우).

- 가상계좌 부여 시 다소 시간이 소요될 수도 있으므로 최소한 마감 30분 전에는 입찰신청을 완료하셔야 합니다(입찰신청을 해야만 은행으로 가상계좌 및 금액설정이 접수되므로 입찰신청 후 약 10분후에 입금이 가능합니다).

- 본 공매는 보증금이 입금액으로 설정되는 가상계좌이므로 입금할 때 입금할 금액이 정확해야만 입금이 가능합니다.

▣입찰서 작성 안내

- 낙찰시 입찰자명의로만 이전등록이 가능합니다(타인 명의 이전은 먼저 입찰자명으로 이전해야만 가능합니다).

- 입찰신청자 정보는 낙찰시 소유권 이전서류 발급에 사용되는 자료이므로 정확히 기재해야 합니다(만일 정보를 잘못 또는 허위로 기재하는 경우에는 낙찰이 되더라도 소유권 이전 시 불이익을 당할 수 있습니다).

- 낙찰되었더라도 낙찰을 포기할 경우는 공매보증금은 반환받지 못하며, 낙찰포기서(특별한 양식 없음)를 제출해야 합니다.

- 낙찰 포기가 고의성이 있다고 판단되는 경우에는 1년간 공매 입찰이 제한될 수도 있습니다.

- 입찰금액은 1번만 등록할 수 있습니다. 입찰금액을 한번 등록한 후에는 금액의 수정/취소/삭제가 불가합니다.

■특별 유의사항 : 입찰신청 전에 다시 한번 반드시 확인하십시오.

• 본 공매는 공매보증금을 입금한 후에는 해당 차량의 공매보증금 수정/취소/
삭제가 불가합니다.

• 입찰금액은 1번만 등록할 수 있으며, 입찰금액을 등록한 후에는 금액에 대한
수정/취소/삭제가 불가합니다.

• 본 공매재산은 오토마트의 등록대행 업체를 통해서만 이전등록을 해야 하며,
관련 등록대행 비용은 낙찰자가 부담합니다.

• 입찰신청 후 제공되는 입찰내역서를 통해 정상적으로 입찰되었는지를 반드
시 본인 책임하에 직접 확인하셔야 합니다.

6) 공매보증금납부

이와 같이 입찰이 완료되었다고 해도 보증금을 납부하지 않는 이
상 유효한 입찰이 아닙니다. 필히 공고에서 명시한 납부마감일까
지 공매보증금의 납부를 완료해야 하며 은행업무 외 시간(오후 10
시부터 오전 9시) 및 은행 사정 등에 의한 보증금 미입금은 입찰자
의 책임입니다.

낙찰 및 인수 절차

1. 모의 입찰

처음에 입찰하시는 분들은 낙찰가격을 맞추기가 쉬운 일이 아닐 겁니다. 그렇게 몇 번 유찰을 하다 보면 제풀에 지쳐 포기할 수도 있습니다. 여기서 중요한 부분은 낙찰을 받는 것이 아니라 '수익을 낼 수 있는 가격으로 낙찰을 받는 것'입니다. 계속적으로 유찰을 하다 지쳐 어떻게 해서든 낙찰되어보려고 고가에 입찰하게 되면 오히려 손해를 보게 될 수 있습니다. 그럴 바엔 차라리 안 하는 것만 못합니다.

처음 오토마트 공매에 도전하시는 분들은 너무 조급하게 생각하지 마시고 최소 3개월 정도 모의입찰을 하면서 데이터를 관리하다 보면 자연스럽게 얼마에 낙찰이 되는지를 파악할 수 있으실 겁니다. 지피지기백전백승(知彼知己百戰百勝)입니다.

2. 낙찰

수십 번 아니 수백 번의 유찰 끝에 낙찰을 받으셨다면 진심으로 축하드립니다. 오늘밤 마음껏 낙찰을 즐기시면 됩니다. 낙찰을 받은 당일 아래와 같이 오토마트에서 메일을 보내옵니다.

▼오토마트 축하메일

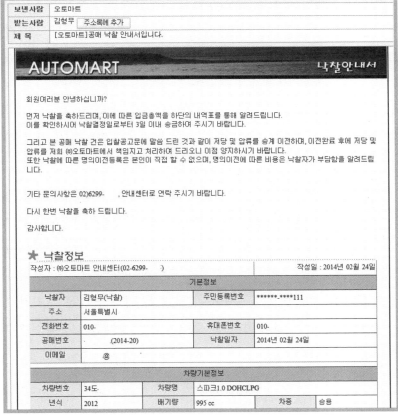

보낸사람	오토마트
받는사람	김형무　주소록에 추가
제 목	[오토마트]공매 낙찰 안내서입니다.

AUTOMART　　　　　　　　　　　　　　낙찰안내서

회원여러분 안녕하십니까?

먼저 낙찰을 축하드리며, 이에 따른 입금총액을 하단의 내역표를 통해 알려드립니다.
이를 확인하시어 낙찰결정일로부터 3일 이내 송금하여 주시기 바랍니다.

그리고 본 공매 낙찰 건은 입찰공고문에 말씀 드린 것과 같이 저당 및 압류를 승계 이전하며, 이전완료 후에 저당 및 압류를 저희 ㈜오토마트에서 책임지고 처리하여 드리오니 이점 양지하시기 바랍니다.
또한 낙찰에 따른 명의이전등록은 본인이 직접 할 수 없으며, 명의이전에 따른 비용은 낙찰자가 부담함을 알려드립니다.

기타 문의사항은 02)6299-　　, 안내센터로 연락 주시기 바랍니다.

다시 한번 낙찰을 축하 드립니다.

감사합니다.

★ 낙찰정보

작성자 : ㈜오토마트 안내센터(02-6299-　　)			작성일 : 2014년 02월 24일
기본정보			
낙찰자	김형무(낙찰)	주민등록번호	******-****111
주소	서울특별시		
전화번호	010-	휴대폰번호	010-
공매번호	.　(2014-20)	낙찰일자	2014년 02월 24일
이메일	@		
차량기본정보			
차량번호	34도·	차량명	스파크1.0 DOHCLPG
년식	2012	배기량	995 cc	차종	승용

[출처 : 오토마트 홈페이지 http://www.automart.co.kr/]

오토마트의 메일에는 낙찰 관련 기 납입했던 보증금 외 추가로 납부해야 될 잔금의 내역표가 첨부되어 있습니다. 낙찰자는 내역표를 확인하고 정해진 기한 내에 잔금을 납부해야 합니다.

3. 구비서류

자동차 경매의 경우 낙찰자가 직접 이전절차를 진행해야 하기에 처음 하시는 분들은 많이 막막하실 수도 있습니다. 그런데 오토마트의 경우 이전절차가 매우 수월하다는 것이 장점이라고 말씀드렸었죠. 오토마트는 낙찰자가 직접 이전을 하는 것은 불가하고 행정사가 이전 업무를 대행합니다. 행정사 수임료 또한 저렴하며 이전을 하려 법원을 다녀오기 위한 기회비용까지 포함한다면 정말 저렴한 수준입니다.

낙찰자가 준비해야 될 서류는 인감증명서 1통, 인감이 날인된 위임장 1통, 인감이 날인된 자동차양도증명서 1통, 보험가입증명서만 준비하면 됩니다. 인감증명서는 인근 주민센터 아무 곳에서나 발급이 가능하고, 보험가입증명서는 보험회사에서 팩스 또는 이메일로 보내줍니다. 별도로 준비해야 될 것은 아래와 같은 위임장과 자동차양도증명서인데, 이 또한 오토마트가 메일로 송부해주기에 굉장히 편합니다.

▼오토마트 위임장

위 임 장

위임자	성 명		주민번호	
	주 소		전화번호	
위임 사무명		자동차등록행위일체 (신규,이전,변경,설정,말소,봉인재교부,등록증재발급,취득신고 등)		
수임자	성 명		주민번호	
	주 소		전화번호	

상기 본인은 수임자에게 위임 사무에 관한 일체의 권리와 의무를 위임합니다.

20 년   월   일

위임자 :   V (인감)

저당 및 압류 확인후 이전등록함   V (인감)

[출처 : 오토마트 홈페이지 http://www.automart.co.kr/]

▼양도증명서

자동차양도증명서(양도인 · 양수인 직접 거래용)

접수번호		접수일자	
갑 (양도인)	성명(명칭)		주민(법인등록번호
	전화번호		
	주소		
을 (양수인)	성명(명칭)		주민(법인등록번호
	전화번호		
	주소		
거래 내용	자동차등록번호		차종 및 차명
	차대번호		매매일
	매매금액		잔금지급일
	자동차인도일		비고

[출처 : 오토마트 홈페이지 http://www.automart.co.kr/]

4. 차량인수

낙찰 후 15일까지 보관소에서 차량을 인수해야 하며, 15일 이후 출고 시 1일 6,000원의 보관료가 부가됩니다. 차량 인수 시 필요한 기본서류는 낙찰자 본인이 인수하는 경우 신분증과 차량등록증(이전 후 출고인 경우)을 지참하면 되고, 낙찰자 본인이 아닌 대리인이 인수하는 경우에는 대리인의 신분증, 낙찰자의 인감증명서, 낙찰자의 인감도장이 날인된 위임장, 등록증(이전 후 출고인 경우)을 지참해야 됩니다.

오토마트의 차량보관소는 불특정 다수가 차량을 확인하기에 분실을 방지하려 네비게이션의 USB 등 분실이 우려되는 물품을 보관하고 있는 경우가 있으니 차량 인수 시 당해 차량과 관련한 별도의 보관물품이 있는지도 꼭 확인해보시길 바랍니다.

part 06

저렴하게 치장해서
짭짤하게 매각하기

보기 좋은 떡이 빨리 팔린다

경매를 해오면서 느낀 점이 있다면 옛 선조들의 말씀이 다 옳다는 것이었습니다. "보기 좋은 떡이 먹기도 좋다"라는 속담이 있습니다. 이 또한 그간 경매를 해오며 공감해온 속담 중 하나입니다. 부동산을 낙찰받으면 빨리 매수인을 구하기 위해 또는 빨리 임차인을 구하기 위해 기본적으로 도배도 하고 장판도 합니다. 필자와 같이 약간 더 정열적인 분들은 손수 낡은 문과 몰딩을 페인트칠로 예쁘게 치장하거나, 시트지로 싱크대를 리폼하거나, 전등과 스위치를 교체합니다. 기본적으로 이 정도 작업만 하더라도 집구경하는 분들 하나같이 정말 예쁘게 잘 꾸몄다고들 칭찬을 합니다. 경험에 비추어보더라도 이렇게 꾸며놓은 집과 꾸미지 않은 집의 거래기간은 상당한 차이가 있을 뿐더러 수리비용보다 더 많은 금액을 받고 집을 매매하곤 했습니다.

자동차 역시 마찬가지였습니다. 낙찰받은 자동차의 범퍼가 깨져 있고 도색이 벗겨져 있으면 구경하러 온 분들이 하나같이 마음에 안 들어 하는 표정을 짓거나 또는 얼토당토않은 가격으로 흥정하려 합니다. 그런데 약간의 비용으로 깨진 범퍼와 벗겨진 도색을 수리했을 경우 마음에 들지 않는 표정을 짓거나 심하게 가격을 인하하려는 분들을 거의 만나 보지 못했습니다.

이처럼 부동산이건 자동차건 사람과 같이 첫인상이 정말 중요한 듯 합니다. 특히 자동차 직거래의 경우 대부분의 매수인들이 성능보다는 주로 외장 위주로 자동차의 가치를 판단하기에 흠집을 수리하는 것은 정말 중요한 부분입니다.

그런데 문제는 수리비가 만만치 않다는 것입니다. 수입자동차의 경우 1,000만 원에 낙찰받았는데 큰 수리 없이 브레이크등과 사이드미러 등 몇 가지 부품만 교체했음에도 수백만 원의 수리비가 나와 적자를 보는 경우도 허다하게 발생합니다. 과장이 아니라 연식이 좀 된 수입차를 몇백만 원에 저렴하게 낙찰받은 경우 배보다 배꼽이 커지는 경우도 있습니다.

이처럼 수리비가 비싸다고 수리하지 않고 차를 매매하자니 제때 차가 팔리지도 않을 것 같고 제대로 된 가격을 못 받을 것 같은 진퇴양난의 상황에 빠지게 됩니다. 그렇다 하더라도 아무 걱정하지 않으셔도 됩니다. 필자가 저렴하게 수리를 하는 노하우를 빠짐없이 전수해드리겠습니다.

저렴하게 수리하기

1. 지파츠

20여 년 전 올드카를 타던 필자의 아버지는 자동차를 수리하기 위해 폐차장을 돌아다니곤 하셨습니다. 폐차장에서 구한 부품이 가격도 저렴하거니와 올드카의 경우 정상적인 유통경로에선 부품을 구하기가 힘들었기 때문입니다. 그런데 요즘에도 필자의 아버지 같은 분들이 많이 계신 듯 합니다. 순정부품을 사용하기엔 주머니가 다소 가벼우신 분들이 폐차장에서 부품을 수급해 직접 수리하고 이를 자신의 블로그에 올려서 수리 과정 등의 노하우를 공유하시는 분들을 심심찮게 볼 수 있기 때문입니다.

오래된 자동차는 이곳저곳에서 고장이 발생됩니다. 그런데 문제는 이것저것 다 고치다 보면 오히려 차값보다도 수리비가 더 나와서, 수리만 하면 10년을 더 탈 수 있음에도 불구하고 폐차를 하는 경우가 많습니다.

하지만 중고부품을 활용하면 정말 많은 금액을 절감하고 수리가 가능합니다. 그래도 중고부품 사용이라고 하니 왠지 불법적인 이미지가 떠올려지거나 또는 성능에 이상이 있을 것이라고 생각되어 꺼려하는 분들이 많을 겁니다. 그런데 전혀 불안해 할 필요가 없습니다. 2003년 건설교통부(現 국토교통부)는 자원재활용과 환경보호 등을 위해 〈자동차 관리법〉을 개정했고 이와 같은 관련 법률의 개정으로 인해 운전자의 생명과 직결되는 조향장치, 제동장치, 차대번호가 표시된 차대 또는 차체, 마스터 실린더 등의 4개 부품을 제외하고는 모든 중고부품을 재사용할 수 있게 되었으며, 더욱 고마운 사실은 이렇게 재활용이 가능한 중고부품들은 자동차 생산 공장에서 직접 장착된 순정용품이라는 것입니다. 그뿐만이 아닙니다. 요즘 각 보험회사들은 자동차 수리 시 중고부품을 활용하면 보험료를 할인해주는 각종 특약을 마련해두었습니다.

그러면 중고부품은 어떻게 구해야 할까요? 예전에는 직접 폐차장을 탐방하며 자신에게 필요한 중고부품을 구하곤 했습니다. 시대가 바뀐 현재에도 중고부품을 가장 손쉽게 구할 수 있는 곳이 폐차장이라는 것에는 다들 이견이 없으실 겁니다. 그런데 정작 폐차장이 어디에 있는지도 모르거니와 어디에 있는지 안다고 해도 시간을 내서 찾아가기가 여간 귀찮은 것이 아닙니다.

그럴 땐 포털사이트의 검색창에 '자동차중고부품'이라고만 검색하면 수많은 업체들의 광고를 접할 수 있을 것입니다. 그런데 아무래도 자동차의 사고는 운전자의 생명과 직관되는 부분이기에 다소 찜찜할 수도 있을 것입니다. 그런 분들을 위해 국토교통부와 한국자동차해체재활용협회에는 자동차의 폐차 시 발생한 재사용부품을 누구나 편리하게 실시간으로 구입해 사용할 수 있도록 온라인 쇼핑몰 '지파츠(www.gparts.co.kr)'를 구축했습니다.

▼지파츠 메인페이지 화면(www.gparts.co.kr)

그럼 위 사이트에서 판매되는 중고부품은 어떤 경로로 판매되는지 아래 흐름도로 설명 드리겠습니다.

▼지파츠 중고부품 판매경로

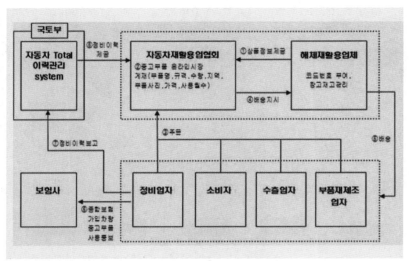

[출처 : 국토교통부 홈페이지 http://www.molit.go.kr/]

이와 같은 판매경로를 통해 중고부품이 유통되고 무엇보다도 국토교통부와 한국자동차해체재활용협회에서 운영하는 것이기에 중고부품이라 할지라도 신뢰할 수 있습니다.

그러면 지파츠에서는 어떤 중고부품을 판매할까요? 앞에서도 설명 드린 바와 같이 조향장치, 제동장치, 차대번호가 표시된 차대 또는 차체, 마스터 실린더 등의 4개 부품을 제외하고는 여러분들이 구하고 싶은 모든 중고 부품의 구매가 가능합니다. 지파츠에서 판매 중인 부품의 세부내역을 표를 통해 설명드리겠습니다.

▼지파츠 중고부품 판매부품 종류

	바디(B)
1	헤드램프(전조등)
2	시그널램프(방향지시등)
3	포그램프(안개등)
4	컴비네이션램프(후미등)
5	프론트범퍼(전면범퍼)
6	리어범퍼(후면범퍼)
7	라디에이터그릴
8	후드(본넷)
9	프론트패널
10	펜더
11	프론트도어
12	사이드미러
13	리어도어(좌,우)
14	스포일러
15	트렁크리드
16	백피니셔(트렁크등)
17	백도어
18	전면유리
19	후면유리
20	윈도우모터
21	바디 기타

	의장(D)
1	대쉬보드(크러쉬패드)
2	계기판
3	콘솔박스
4	AV시스템(오디오)
5	히터 유니트
6	컴비네이션 스위치
7	시트
8	ECU(컴퓨터)
9	와이퍼모터/링케이지
10	에어백모듈
11	기타(선루프,도어트림,안테나)

	엔진(E)
1	엔진
2	엔진커버(타이밍커버)
3	드로틀바디
4	인젝터
5	카브레터
6	에어 컴프레서
7	밧데리
8	에어컨컨덴서
9	에어컨 컴프레서
10	라디에터
11	알터네이터(제너레이터)
12	스타트모터
13	디스트리뷰터(분배기)
14	엔진 기타

	샤시(S)
1	트랜스미션
2	등속조인트(CV조인트)
3	프로펠러 샤프트
4	프론트 서스펜션
5	리어 서스펜션
6	알미늄 휠
7	소음기(머플러)
8	쇽업쇼버
9	ABS
10	파워스티어링기어
11	타이어
12	샤시 기타

[출처 : 지파츠 홈페이지 http://www.gparts.co.kr]

　　지파츠의 홈페이지를 살펴보면 정말 저렴하게 부품을 구매할 수 있다는 사실에 놀라게 될 것입니다. 예를 들자면 보통 중형 국산차의 헤드램프는 제조사마다 약간의 차이는 있겠으나 개당 약 20만 원 정도에 판매가 됩니다. 양쪽 모두 교체를 하려면 부품비용만으로도 약 40만 원 정도를 지출해야 되며 공임까지 포함된다면 지출은 더욱더 커질 것입니다. 그런데 아래 그림과 같이 지파츠의 홈페이지를 살펴보면 중고부품 헤드램프를 개당 2~3만 원대의 가격에 구매가 가능함을 알 수 있을 것입니다.

▼지파츠에서 판매 중인 중고부품 헤드램프

	상품명	상품정보	등급	가격
	헤드램프(전조등)(우)/일반 NEW 트라제 XG (2000년식)		2등급	20,000원
	헤드램프(전조등)(우)/일반 NEW 트라제 XG (2000년식)		1등급	30,000원
	헤드램프(전조등)(우)/일반 NEW 트라제 XG (2000년식)		1등급	30,000원
	헤드램프(전조등)(우)/일반 NEW 트라제 XG (2000년식)		1등급	30,000원
	헤드램프(전조등)(우)/일반 NEW 엘란트라 (1992년식)	5핀	2등급	25,000원
	헤드램프(전조등)(우)/일반 NEW 뉴엘란트라 (1995년식)	상태양호 5핀	1등급	27,500원
	헤드램프(전조등)(우)/일반 NEW 뉴엘란트라 (1995년식)	상태양호 5핀	1등급	27,500원
	헤드램프(전조등)(우)/일반 NEW 뉴엘란트라 (1995년식)	상태양호 5핀	1등급	27,500원
	헤드램프(전조등)(우)/일반 NEW 트라제 XG (2002년식)	상태조금..	2등급	30,000원

[출처 : 지파츠 홈페이지 http://www.gparts.co.kr/]

운전을 하다 보면 아무리 안전운전을 한다 하더라도 1년에 한 번 정도의 접촉사고는 발생되는 듯합니다. 다행스럽게 큰 사고는 아니더라도 접촉사고가 발생하게 되면 대부분 전면범퍼 또는 후면범퍼의 도색이 필요하고, 운이 없으면 범퍼와 차체의 연결고리가 망

가져 새 범퍼로 교체해야 하는 경우도 심심찮게 발생됩니다. 최악의 경우 범퍼가격과 도색비용 및 탈부착 등의 공임비로 수십만 원의 지출이 발생할 수도 있으며, 보험처리를 하려 해도 본인부담금을 몇 십만 원 설정해둔 경우 결국 울며 겨자 먹기 식으로 보험처리 없이 자비로 수리를 하게 됩니다.

그런데 다음의 자료를 살펴보더라도 지파츠에서는 정말 저렴하게 중고범퍼를 판매하고 있습니다.

▼지파츠에서 판매 중인 중고부품 중고 범퍼

	상품명	상품정보	등급	가격
	리어범퍼(후면범퍼) /일반 아반떼 XD (2001년식)	도장상태최상급	1등급	66,000원
	리어범퍼(후면범퍼) /일반 카니발 II 9인승 디젤 파크 (2001년식)		2등급	66,000원
	리어범퍼(후면범퍼) /일반 싼타페 (2005년식)		2등급	66,000원
	리어범퍼(후면범퍼) /일반 뉴 EF 쏘나타 (2001년식)		1등급	66,000원
	리어범퍼(후면범퍼) /일반 All New 마티즈 (2006년식)	상태양호	2등급	44,000원
	리어범퍼(후면범퍼) /일반 Volvo 940 GL TURBO (1993년식)		2등급	165,000원
	리어범퍼(후면범퍼) /일반 뉴크라운 (2000년식)	검정	1등급	44,000원
	리어범퍼(후면범퍼) /일반 쏘나타 II (1997년식)		1등급	44,000원
	리어범퍼(후면범퍼) /일반 루찬 (2007년식)	은색 A급 후방센서	1등급	110,000원
	리어범퍼(후면범퍼) /일반 마티즈 II (2005년식)		1등급	38,500원

[출처 : 지파츠 홈페이지 http://www.gparts.co.kr/]

대부분의 운전자들이 범퍼를 교체 또는 수리한 경험이 있을 것이기에 범퍼를 예를 들어 설명 드렸습니다. 만약 범퍼가 아니라 앞문, 뒷문, 앞휀더, 트렁크, 본네트 등을 교체한다면 여러분이 지출하게 될 수리비는 범퍼를 교체할 때보다 월등하게 커질 것입니다. 그런데 앞문, 뒷문, 앞펜더, 트렁크, 본네트 등은 별도의 용접 없이 볼트와 너트를 풀어 교체가 가능한 부분이기에 지파츠에서 동일한 색상의 중고부품을 구매해 단순 교체한다면 상당 금액의 수리비가 절약될 것이고 이는 고스란히 독자 여러분들의 수익이 될 것입니다.

▼지파츠에서 판매 중인 중고부품 펜더

	상품명	상품정보	등급	가격
	펜더(우) /일반 토스카 (2007년식)	흰색	1등급	44,000원
	펜더(우) /일반 싼타페 (2003년식)	갈색	1등급	46,200원
	펜더(우) /일반 SM5 (2006년식)		1등급	48,400원
	펜더(우) /일반 EF 쏘나타 (1999년식)	흰색	1등급	33,000원
	펜더(우) /일반 슈마 (1999년식)	빨강	1등급	36,300원
	펜더(우) /일반 아반떼 (1997년식)		1등급	33,000원
	펜더(우) /일반 토스카 (2007년식)	신형타입 검정	1등급	30,000원
	펜더(우) /일반 싼타페 (2004년식)		1등급	35,000원
	펜더(우) /일반 베르나 (2000년식)	열은 금색	1등급	25,000원
	펜더(우) /일반 SM5 (2006년식)	하늘빛 은색	1등급	30,000원

[출처 : 지파츠 홈페이지 http://www.gparts.co.kr/]

그러나 헤드램프나 브레이크 등 같은 것은 약간의 손재주와 평소

DIY에 관심을 가지고 계셨던 분들이라면 직접 교체가 가능할 것이지만 앞문, 뒷문, 펜더, 트렁크, 본네트를 직접 교체하는 것은 엄두가 나지 않을 것입니다. 또한 용기를 내서 직접 교체하려 한다고 해도 교체에 필요한 장비를 구하기도 만만치 않을 것입니다. 그런데 지파츠에는 '지파츠 지정 장착점 제도'를 시행 중에 있으며 현재 50개 이상의 지정 장착 정비업체가 있고 앞으로도 계속 지정 장착 정비업체를 모집 중이기에 그 수는 더욱 증가할 것입니다.

▼지파츠 지정 장착점 제도

사진	업체명	주소(연락처)	업종	소개
	국제카종합서비스	서울시 송파구 문정동 21-3 Tel:02-430-2486	전문정비	친절 . 신속 자동차과 졸업 및 전문정비 산업기사 자격증보유
	민기자동차공업사	서울 광진구 자양동 799-3 1층 Tel:02-2201-8224	전문정비	담당자 010-5224-5931
	애니카랜드(광장점)	서울시 광진구 구의3동 219-11 Tel:02-457-6798	전문정비	2급 정비
	애니카랜드(대치점)	서울시 강남구 대치동 965-34 Tel:02-569-6882	전문정비	전문정비, 수입차전문, 도색, 세차가능
	진석자동차	서울시 금천구 시흥동 984번지 시흥유통산가 30동 139~140호 Tel:02-2103-1300,1700	정문정비	3급정비 수입차 정비가능
	차와사람들(착한정비신대방점)	서울시 동작구 신대방2동 362-30 Tel:02-823-3736	부분정비	3급부분정비, 정비기능장 보유업체 . 공임나라신대방점

[출처 : 지파츠 홈페이지 http://www.gparts.co.kr/]

위에서 살펴본 지정 장착 정비업체란 지파츠에서 중고부품을 구매해 사용하고 싶으나 자가정비에 대한 부담으로 포기하는 고객들을 위해 제안된 제도로, 부품별 표준 장착공임을 마련해 전국의 모든 지정 장착 정비업체에서 동일한 표준공임으로 서비스를 받을 수 있어 가격 흥정으로 스트레스를 받지 않아도 되며 아래 지파츠의 표준공임표를 살펴보면 아시겠지만, 그 공임 또한 상당히 저렴합니다.

▼**지파츠 표준공임표**

Gparts 표준 공임표

Gparts에서 구입하신 물품만 해당됩니다.

NO.	정비명	공임	비고
1	전조등,후미등,안개등,트렁크등,핸다등	10,000	범퍼탈거필요시+
2	오디오	20,000	
3	사이드미러	10,000	수동->전동개조는 별도
4	계기판	30,000	
5	윈도우스위치,컴비네이션스위치	10,000	
6	히터에어컨컨트롤스위치	40,000	
7	룸미러	10,000	
8	펌퍼(전/후)교환	50,000	
9	도어 교환	50,000	
10	휀다	50,000	
11	본넷	40,000	
12	휠타이어	5,000	1EA
13	타이어	10,000	1EA
14	배터리	5,000	
15	라디에이터	70,000	부동액별도
16	ECU, TCU	50,000	
17	시트 교체	10,000	1EA
18	엔진전장품	50,000	
19	촉매교환	30,000	

* 모든 공임비용은 현대 소나타 차종 기준이며 차종에 따라 작업 비용이 추가 될 수 있습니다.

* 기타 표시되지 않은 항목은 장착점 문의바랍니다.

[출처 : 지파츠 홈페이지 http://www.gparts.co.kr/]

필자의 경우 중고부품은 주로 장안동에 소재한 단골업소에서 구매를 합니다. 자주 방문하다 보니 사장님과 친해져서 사이드미러, 헤드램프, 콤비네이션램프(브레이크등)와 같이 교체가 간단한 부품은 별도의 공임비도 받지 않으시고 직접 교체를 해주십니다.

나들이 삼아 대한민국 중고자동차의 메카 장안동에 한번 방문해보시길 권유 드립니다. 특히 아래 지도에서 실선부분(장한평역 2번 출구 뒷골목)에 가보시면 아래 사진과 같은 중고부품 판매매장들이 몰려있으며 몇 군데만 발품을 팔면 원하는 중고부품을 손쉽게 구할 수 있을 것입니다.

▼장안동 중고부품 판매매장 지도

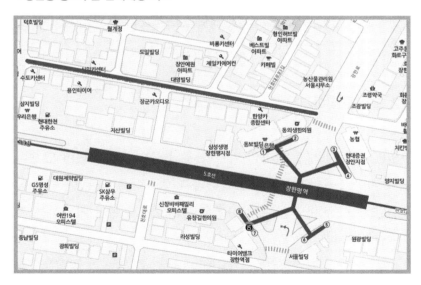

▼중고부품 판매매장

2. 달인을 찾아서

얼마 전 주차해둔 필자의 차량을 후진 중인 1톤 트럭이 앞휀다를 들이받고 도망간 일이 있었습니다. 다행스럽게 도장면에는 손상이 없었으나 손바닥만한 크기로 움푹 찌그러져 여간 거슬리는 것이 아니었습니다.

이럴 경우 보통 덴트를 합니다. 덴트(dent)의 사전 상 정의는 '(단단한 표면을 세게 쳐서) 움푹 들어가게 만들다'이지만 실제 사용되는 의미는 덴트라고 하면, 보통 자동차에 사고 발생 시 도장에는 이상이 없이 찌그러지기만 한 경우 도색 없이 찌그러진 부위를 사고 전과 같이 평평하게 펴는 작업을 말합니다.

텐트업체와 공업사 몇 군데를 돌아다녀 보니 모두들 사고 전과 동일한 곡면으로 복원하기가 힘들 것이라며 교체를 권유했습니다. 그런데 교체의 경우 가격도 비쌀 뿐더러 새로 도색을 해야 하며, 새로 도색을 하게 되면 기존에 색칠된 부분의 색이 바래 맑은 날에는 새로 도색을 한 부위와 기존 도색부위의 색상이 차이가 나게 됩니다.

모 방송국의 장수 프로그램 중에 전국에 있는 달인을 찾는 프로그램이 있습니다. 볼 때마다 느끼는 것이지만 정말 세상에는 많은 달인들이 계시는 듯 합니다. 그런데 달인들의 공통된 특징이란 한 분야에서 최소 10년 이상 실력을 연마하셨다는 것입니다.

갑자기 왜 달인 얘기를 했을까요? 자동차 수리 업계에도 최소 10년 이상 기술을 연마한 달인들이 존재하기 때문입니다. 필자가 자주 찾는 어떤 달인은 실제 달인 프로그램에도 출연했던 분으로 우리나라에 아직 덴트가 상륙하기도 전인 30여 년 전부터 덴트를 업으로 해온 분입니다.

결국 필자의 경우 장안동에 위치한 30년 된 달인(정말 유명한 분입니다. 항상 손님이 많아서 기본적으로 반나절은 기다리셔야 합니다)을 찾아가 몇 군데의 '문콕' 상처까지 추가해서 단돈 몇만 원에 감쪽같이 수리를 했습니다. 달리 달인이 아닙니다. 수리를 했는지 안 했는지 전문가들도 알아보기 어려울 정도로 작업을 하십니다. 이처럼 필자의 경험과 같이, 만약 가벼운 접촉사고 발생 시 운 좋게도 칠(도장)이까지거나 벗겨지지 않고 멀쩡한데, 차체만 움푹 찌그러진 경우 판금보다는 덴트를 하는 것이 수리도 수월할 뿐더러 중고차 판매 시 감가도 없고 수리비용 또한 월등히 저렴할 것입니다.

▼달인의 덴트 솜씨

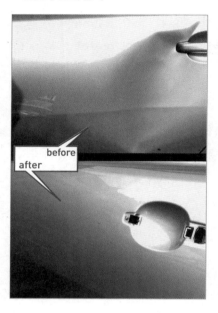

그런데 달인들은 공업사에만 존재하는 것이 아닙니다. 소위 '야매'라고 불리거나 또는 '찌그러진 차 펴줌'이라는 현수막을 내걸고 길 위에서 영업 중인 분들 중에도 엄청난 달인들이 존재합니다.

서울의 경우 날씨 맑은 날 어떤 한강다리 남단을 지나가다 보면 값비싼 외제차가 줄지어 서 있는 것을 볼 수 있을 것입니다. 다 판금도색을 하기 위해 오신 분들입니다. 이 곳에 위치한 달인의 경우 전국 길거리 판금도색 달인 중 세 손가락 안에 드는 분으로, 장점은 색상을 맞추기 힘든 외제차를 이질감 없이 감쪽같이 도색하는 것입니다.

수익률을 올리기 위해 저렴하게 판금 도색이 필요할 경우 길 위의 공업사에서 상담을 받아보는 것도 한 방법일 것입니다. 그런데 중요한 것은 길 위의 공업사라서 저렴은 하지만 실력이 없다면 수리하지 않느니 못하다는 것입니다. 길 위의 공업사를 찾아가려면 인터넷 등에서 사전에 정보를 습득 후 어느 정도 실력을 인정받는 분들을 찾아가야 됩니다.

필자가 서울에 거주하다 보니 서울에 계신 달인들만 소개해드렸는데 지방 역시 달인이 존재합니다. 예를 들면 대구의 경우 손판금의 달인이 존재합니다. 이분 역시 정말 유명한 달인으로 주특기는 망치 하나로 감쪽같이 판금을 하는 분으로 단종된 올드카의 부품이 없을 경우 직접 철판을 오리고 용접해서 수리하기까지 합니다. 특히 자동차에게 암(한번 발생되면 다른 부위로 걷잡을 수 없이 전위되기 때문에 부식은 자동차에게 암과 같은 존재입니다)과 같은 부식이 발생되었을 경우 이분을 찾아가면 부식에 대한 모든 걱정을 날려버릴 수 있으실 것입니다.

이처럼 지방에 거주 중인 독자 분들도 손품(인터넷정보)과 발품을 조금만 들이시면 각 지역에 유명한 달인들을 만나실 수 있을 것입니다.

3. Myself 광택·코팅

중고차시장에 가보면 모든 차들이 새차와 같이 번쩍 번쩍 광이 나는 것을 볼 수 있습니다. 이는 광택 또는 코팅을 했기 때문입니다.

그러면 광택과 코팅이란 무엇일까요? 광택이란 장시간 운행으로 도장 위에 타르와 묵은 먼지 등이 오랜 시간에 흡착되어 잘 떨어지지 않거나 또는 자동세차 시 발생된 흠집 등을 제거하기 위해 페인트의 도장 면 일부를 얇게 벗겨내어 새차의 도장과 같이 광택을 복원시키는 작업을 말합니다. 단점이라면 도장 위에 보호막을 새로이 도포하는 것이 아니기에 다시 또 타르 등의 묵은 때와 흠집이 생겨 쉽게 광택 전의 헌차로 돌아가곤 합니다.

코팅은 페인트 도장 위에 유리 막과 같이 얇은 보호막을 입혀 광택을 높이고 흠집으로부터 도장을 보호하기에 오염이 덜 될 뿐더러, 오염이 되었다 할지라도 세차 시 힘들이지 않고 오염을 제거해 새차와 같이 번쩍거리는 외관을 장시간 유지할 수 있습니다.

보통은 광택을 낸 후 코팅을 하게 됩니다. 코팅은 재료의 종류에 따라서 유지 기간 및 성능의 차이가 많이 납니다.

이와 같은 이점들이 있기에 중고차시장에 가보면 고객에게 중고차를 팔기 전 기본적으로 광택작업을 끝낸 후 판매를 합니다. 구매하는 고객입장에서도 새차 기분을 낼 수 있을 것이고 판매자 입장에서도 자신의 상품이 투자 금액 대비 더 좋아 보일 것이기에 광택에 투자하는 것이 손해 보는 장사는 아닐 것입니다.

그런데 중고자동차매매업자들은 광택과 관련해 거래처가 있기에 일반인보다 저렴하게 광택작업을 할 수 있습니다. 이는 속칭 '막광택'이라는 광택작업으로 중고자동차매매업자들의 경우 정말 저렴한 가격에 이용이 가능합니다. 그런데 일반인인 우리들은 중고자동차매매업자들과 동일한 금액으로 광택작업을 할 수 없습니다. 광택을 해보신 분들은 아시겠지만 차종마다 다르지만 평균 20~30만 원가량을 지불해야 되고, 승합차나 SUV 같은 경우 지불해야 하는 가격은 더욱 커집니다.

그렇기에 직접 광택 작업을 하게 된다면 수익률 향상과 직접적으로 연관됩니다. 그러면 광택 작업을 하기 위해선 무엇이 필요할까요? 기본적으로 연마기와 연마제가 필요합니다. 연마기는 오픈마켓에서 셀프광택기라고 검색하면 3~4만 원대 저렴한 제품들을 찾으실 수 있을 것입니다. 전문가들과 같이 광택이 직업이 아닌 이상에야 전문가들이 사용하는 고가의 장비 없이 3~4만 원대 저렴한 제품으로도 소기의 목표를 달성하실 수 있습니다.

광택과 코팅 작업 순서는 아래와 같습니다.

■**셀프광택 작업순서**
① 세차
② 클레이바를 이용해 세차 후 남은 오물 제거
③ 고무몰딩 또는 크롬 마스킹
④ 1차 연마제(#1000) 도포
⑤ 1차 광택 작업(양모패드 사용)
⑥ 2차 연마제(#3000) 도포
⑦ 2차 광택 작업(마감패드 사용) – 미세흠집 제거
⑧ 고운 천으로 닦아주기

■**셀프코팅 작업순서**
① 셀프광택 작업
② 유분제거 – 탈지제 사용
③ 고운 천으로 수분 및 약품 제거
④ 고운 천에 코팅제를 조금씩 묻혀 빠른 속도로 도포
⑤ 코팅제 경화 시작 시 버핑 작업 실시
⑥ 고운 천으로 닦아주기

광택과 코팅에 대한 자세한 방법은 인터넷 검색창에 '셀프광택' 또는 '셀프코팅'으로 검색해보시면 많은 정보를 얻으실 수 있을 것입니다. 처음에야 힘들겠지만 몇 번 하시다 보면 재미도 있고, 운동도 되고, 돈도 아끼고 정말 일석삼조라 할 수 있습니다.

4. 업그레이드

흔히들 '깡통차'라고 불리는 최하위 트림은 새차 가격도 저렴할 뿐더러, 중고차가격도 저렴하고, 심지어 감정가격까지 저렴하기에 잘만 고르면 동일한 차종임에도 보다 저렴하게 낙찰을 받을 수 있습니다.

그런데 문제는 역시 '깡통차'이다 보니 옵션이 너무나도 빈약합니다. 가장 곤혹스러울 때가 주유소의 세차코너에서 세차를 하려 할 때 세차요원이 "사이드미러 접어주세요!"라고 하면 아무 말 없이 차에서 내려 직접 수동으로 사이드미러를 접어야 할 때입니다. 겪어보지 않으신 분들은 차마 그 심정을 아실 수 없을 것입니다.

하지만 '깡통차'는 가격이 저렴합니다. '깡통차'에 꼭 필요한 전동접이사이드미러, 인조가죽시트, 후방감지기 등 인기 있는 옵션 몇 가지만 추가한다면 판매가격을 올리기가 수월할 것입니다. 전동접이사이드미러 등은 중고부품을 활용하면 되고, 인조가죽시트의 경우 손품과 발품을 팔다보면 정말 저렴한 업체를 찾을 수 있습니다.

짭짤하게 나눠 팔기

낙찰을 받다 보면 순정부품 외 고가브랜드의 휠 또는 고가의 AV 시스템 등이 장착된 경우가 있습니다. 그 경우 해당 '자동차카페'에 순정부품의 대품을 받고 판매한다는 글을 게시하면 많은 분들이 구매를 희망할 것입니다. 또는 중고거래가 활발하기로 유명한 중고카페에 올려도 단시간 안에 판매가 가능합니다.

다음 차량의 경우 원 안의 브레이크등이 일본 닛산의 순정부품으로 새 제품이 30~40만 원(몇 년 전의 일로 가격이 인하되었을 수도 있습니다)의 가격대가 형성되어 있고 중고 역시 20만 원에 시세가

▼닛산 티아나 데루등

형성되어 있었습니다. 그래서 순정 중고부품을 정말 저렴하게 구매한 뒤 원 안의 브레이크등을 판매했던 경험이 있습니다.

대세는 직거래

낙찰을 받고 상품화한 차량을 판매하는 방법은 크게 두 종류가 있습니다. 하나는 인터넷 중고차 매매사이트를 활용하는 방법이고 다른 하나는 판매할 차량의 인터넷 카페 중고차 직거래 게시판을 활용하는 방법입니다.

두 종류 다 장·단점이 있는 듯 합니다. 먼저 인터넷 중고차 매매 사이트에 매물 등록 시의 장점은 단시간에 굉장히 많은 분들이 열람을 하기에 많은 전화를 받게 됩니다. 그런데 단점으로는 실제 거래를 희망하는 분들보다 중개거래를 희망하는 업자들의 전화 비율이 높은 편이며 또한 매일 매일 많은 중고차들이 신규로 등록되기에 매도자 입장에서 경쟁이 치열한 편입니다.

인터넷 카페의 중고차 직거래 게시판의 장점은 실제 구매를 희망하는 분들과 연결되는 것이기에 매매의 성사 확률이 높으며 게시물 등록 후 실제 매도 시까지 기간도 짧습니다. 필자의 경우 당해 차량의 인터넷 카페 중고차 직거래 게시판을 이용할 경우 평균적으로 게시물 등록 후 1주일 이내에 매도가 되었습니다. 그러나 단점으로는 카페 가입 후 일정기간 활동을 해야 직거래 게시판에 차량판매 게시물을 등록할 수 있다는 것과 직거래이다 보니 아무래도 인터넷 중고차 매매사이트에 올리는 가격보다 저렴하게 가격 책정을 해야 된다는 것입니다.

위에서 설명드린 두 가지 판매 방법 중 어느 하나가 특별하게 유리하다고 할 수는 없으니 두 가지 방법 모두 활용할 필요가 있습니다.

매매 관련 각종 서식

양도인과 양수인이 함께 차량등록사업소에 방문 시 이전을 위해 필요한 구비서류는 아래와 같습니다.

▣ 이전 시 구비서류
- 이전등록신청서(양도인 인감도장 날인)
- 양도증명서(양도인 인감도장 날인)
- 자동차 등록증
- 책임보험가입증명서(양수인 준비)
- 양도인과 양수인의 신분증

구비 서류 중 이전등록신청서와 양도증명서를 다음에 첨부합니다.

▼이전등록신청서

[제14호서식]

이전등록 신청서

위쪽의 신청 안내를 참고하시기 바라며, 색상이 어두운 란은 신청인이 적지 않습니다.

[앞 쪽]

접수일		발급일		처리기간

소유자 ( )	성명(명칭)			주민(법인)등록번호
	사용본거지(차고지)			법정동 코드
	전자우편주소		전화번호	휴대전화번호

| 구 소유자
(양도인) | 성명(명칭) | 주민(법인)등록번호 |
| | 사용본거지(차고지) | |

자동차등록번호		신 자동차등록번호

등록원인	[ ]매매	[ ]증여	[ ]촉탁	[ ]상속	[ ]기타

「자동차관리법」 제12조제1항, 「자동차등록령」 제27조제1항 및 「자동차등록규칙」 제33조제1항에 따라 위와 같이 신청합니다.

년   월   일

주소

성명   (서명 또는 인)

주민등록번호

· 도지사 또는 시장·군수·구청장 귀하

신청인(대표자) 제출서류	시·도지사 또는 시장·군수·구청장 확인사항	수수료
1. 자동차양도증명서(매매의 경우만 제출합니다) 1부 2. 양도인의 인감증명서(매매로 인한 이전등록의 경우만 제출하며, 인감증명서의 사용용도란에 자동차 매도용임과 양수인의 성명, 주민등록번호를 적어야 합니다. 다만, 다음 각 목의 어느 하나에 해당하는 경우에는 양도인의 인감증명서를 첨부할 필요가 없습니다. 　가. 「자동차관리법」 제53조에 따라 등록한 자동차매매업자 또는 같은 법 제60조에 따른 자동차경매장의 개설자가 매매하거나 알선한 경우 　나. 양도자와 양수자가 직접 거래한 경우로서 양도인이 등록관청에서 직접 자동차의 양도 사실을 확인하는 경우 3. 증여증서(증여의 경우만 제출합니다) 1부 4. 매각결정서(「자동차관리법」 제26조제3항에 따라 매각된 경우만 제출합니다) 1부 5. 확정판결 등본(판결에 따른 소유권이전의 경우만 제출합니다) 1부	1. 가족관계기록사항에 관한 증명서(상속의 경우만 해당하며, 공동증여 등 상속 사실을 증명할 수 있는 서류로 갈음할 수 있습니다) 2. 신청인이 개인일 경우에는 주민등록표 등본, 운전면허증 또는 재외국민등록증명(주민등록증 사본 또는 운전면허증 사본이나 그 밖에 사용본거지를 알 수 있는 서류로 갈음할 수 있습니다) 3. 비사업용 자동차를 등록하는 법인 등의 경우에는 사업자등록증 또는 법인 등기사항증명서(사업자등록증 사본이나 그 밖에 사용본거지를 알 수 있는 서류로 갈음할 수 있습니다) 4. 자동차등록원부	1,000원. 다만, 사용본거지와 다른 시·도에서 신청하는 경우에는 1,600원입니다.

동의서
본인은 이 건 업무 처리와 관련하여 전산정보처리조직 및 「전자정부법」 제36조제1항에 따른 행정정보의 공동이용을 통하여 시·도지사 또는 시장·군수·구청장이 위의 확인사항을 확인하는 것에 동의합니다. ※ 신청인이 시·도지사 또는 시장·군수·구청장의 확인에 동의하지 않거나 전산정보처리조직 및 「전자정부법」 제36조제1항에 따른 행정정보의 공동이용을 통하여 확인할 수 없는 경우에는 해당 서류(법인 등기사항증명서는 제외합니다)를 신청인이 직접 제출해야 합니다. 신청인(대표자)   (서명 또는 인)

210 ×297mm[일반용지 60g/㎡(재활용품)]

자동차등록규칙 [별지 제16호서식] <개정 2011.4.1>

자동차양도증명서(양도인·양수인 직접 거래용)

접수일자		
갑 (양도인)	(명칭)	주민(법인)등록번호
	전화번호	
	주소	
을 (양수인)	성명(명칭)	주민(법인)등록번호
	전화번호	
	주소	
거래 내용	자동차등록번호	차종 및 차명
	차대번호	매매일
	매매금액	잔금지급일
	자동차인도일	비고

제1조(당사자표시) 양도인을 "갑"이라 하고, 양수인을 "을"이라 한다.
제2조(동시이행 등) "갑"은 잔금 수령과 상환으로 자동차와 소유권이전등록에 필요한 서류를 "을"에게 인도한다.
제3조(공과금부담) 이 자동차에 대한 제세공과금은 자동차 인도일을 기준으로 하여, 그 기준일까지의 분은 "갑"이 부담하고, 기준일 다음 날부터의 분은 "을"이 부담한다. 다만, 관계 법령에 제세공과금의 납부에 관하여 특별한 규정이 있는 경우에는 그에 따른다.
제4조(사고책임) "을"은 이 자동차를 인수한 때부터 발생하는 모든 사고에 대하여 자기를 위하여 운행하는 자로서의 책임을 진다.
제5조(법률상의 하자책임) 자동차인도일 이전에 발생한 행정처분 또는 이전등록 요건의 불비, 그 밖에 행정상의 하자에 대해서는 "갑"이 그 책임을 진다.
제6조(등록 지체 책임) "을"이 매매목적물을 인수한 후 정해진 기간에 이전등록을 하지 않을 때에는 이에 대한 모든 책임을 "을"이 진다.
제7조(할부승계특약) "갑"이 자동차를 할부로 구입하여 할부금을 다 내지 않은 상태에서 "을"에게 양도하는 경우에는 나머지 할부금을 "을"이 승계하여 부담할 것인지의 여부를 특약사항란에 적어야 한다.
제8조(양도증명서) 이 양도증명서는 2통을 작성하여 "갑"과 "을"이 각각 1통씩 지니며 "을"은 이 증명서를 소유권의 이전등록 신청을 할 때(잔금지급일부터 15일 이내)에 등록관청에 제출해야 한다.

특약사항: 현 상태 그대로의 양도 양수 임.

수입인지
「인지세법」에 따름 (뒷면 어딘에 붙임)

본인은 자동차매매사업자의 중개를 통하지 않고 양수인과 직접 거래로 소유자동차를 양도하고, 그 사실을 증명하기 위하여 「자동차등록규칙」 제33조제2항제1호에 따라 이 양도증명서를 작성하여 발급합니다.

년　　월　　일

양도인　　　　　　　　　　　　　　　　　양수인
　　　　　　　　　　(서명 또는 인)　　　　　　　　　　　　　　　　(서명 또는 인)

유의사항
1. 양도인 주의사항: 이 양도증명서를 작성할 때 양수인의 인적사항을 적지 않으면 양수인의 무단전매 등으로 예측할 수 없는 손해를 볼 수 있으니 반드시 양수인의 인적사항을 적으시기 바랍니다.
2. 양수인 주의사항: 이 양도증명서를 작성할 때 이 차량에 대하여 부과된 자동차세 및 제세공과금 납부와 압류·저당권 등의 등록 여부를 확인하여 못하여 입을 손해를 입지 않도록 하시기 바랍니다.
3. 공통사항: 이 당사자거래용 양도증명서를 직접거래 당사자가 아닌 자(자동차매매업자 포함)가 사용할 때에는 자동차관리법령에 따라 처벌을 받게 됩니다.
4. 짐닮한 사유 없이 주행거리를 변경한 자는 「자동차관리법」 제71조제2항 및 제78조제6호에 따라 3년 이하의 징역 또는 1천만원 이하의 벌금에 처해집니다.

210㎜×297㎜[보존용지(2종) 80g/㎡]

알기 쉬운 이전 절차

이전 절차는 '혼자서도 잘해요 PART3(차량등록사업소 방문 편)'에서 살펴본 방법과 동일하게 진행하면 됩니다. 한 가지 팁을 드리자면 이전 후 보험을 해지하고 환급받기 위해선 이전이 되었음을 증명할 필요가 있으니 양도인 앞으로 이전된 '자동차 등록증'을 한 통 복사할 필요가 있습니다.

그 외 이전 시 양도인과 다음 페이지에 나오는 것과 같은 자동차 매매계약서를 작성해두는 것도 추후 양도인과의 분쟁을 미연에 방지함에 도움이 될 것입니다.

자동차매매계약서

※ 매도인과 매수인은 쌍방 합의하에 매매 계약을 다음과 같이 체결한다.

1. 매매할 자동차의 표시

등록 번호		차대 번호	
차 종		차 명	

2. 계약내용 (약정사항)

제1조 위 자동차를 매매함에 있어 매매 금액을 아래와 같이 지불하기로 한다.

매매금액	一金	
계 약 금	一金	원정은 계약시 지불하고.
중 도 금	一金	원정은 20 년 월 일 지불한다.
잔 금	一金	원정은 20 년 월 일 지불한다.

제2조 (당사자 표시) 매도인을 "갑"이라하고 매수인을 "을"이라 한다.

제3조 (동시이행 등) "갑"은 잔금수령과 상환으로 자동차와 소유권이전등록에 필요한 서류를 "을"에게 인도한다.

제4조 (공과금부담) 이 자동차에 대한 제세공과금은 자동차 인도일을 기준으로 하여, 그 기준일까지의 분은 "갑"이 부담하고, 기준일의 다음날 부터의 분은 "을"이 부담한다.

제5조 (하자담보책임) "을"은 이 자동차를 인수한 후에는 이 자동차의 고장 또는 불량 등의 사유로 "갑"에게 그 책임을 물을 수 없다.

제6조 (사고책임) "을"은 이 자동차를 인수한 때부터 발생하는 모든 사고에 대하여 자기를 위하여 운행하는 자로서의 책임을 진다.

제7조 (법률상의 하자책임) 자동차인도일 이전에 발생한 행정처분 또는 이전등록요건의 불비 기타 행정상의 하자에 대하여는 "갑"이 그 책임을 진다.

제8조 (등록지체책임) "을"이 이 매매목적물을 인수한 후 소정의 기일안에 이전등록을 하지 아니할 때에는 이에 대한 모든 책임을 "을"이 진다.

제9조 (할부승계특약) "갑"이 이 자동차를 할부로 구입하여 할부금을 완납하지 않은 상태에서 "을"에게 양도하는 경우에는 잔여할부금을 "을"이 승계하여 부담할 것인지의 여부를 특약사항란에 기재하여야 한다.

제10조 (위약금) 매도인이 위약시는 위약금조로 계약금의 배액을 배상하기로 하고, 매수인이 위약시는 위약금조로 계약금을 포기하기로 한다.

특약사항

1. 자동차 이전시 모든 권리관계 압류나 설정은 매도인이 잔금시까지 말소하며, 책임지기로한다.
2. 매수인은 현 자동차 상태를 충분히 확인하고 구매한다.

3. 계약당사자 인적사항   20 년   월   일

매도인	주 소			
	주민등록번호		성명	(서명 또는 날인)
매수인	주 소			
	주민등록번호		성명	(서명 또는 날인)

part 07

나도 할 수 있다
(자동차 경매 사례)

chapter 01

언젠가 나도 낙찰을 받을 거야

- 마라도님 -

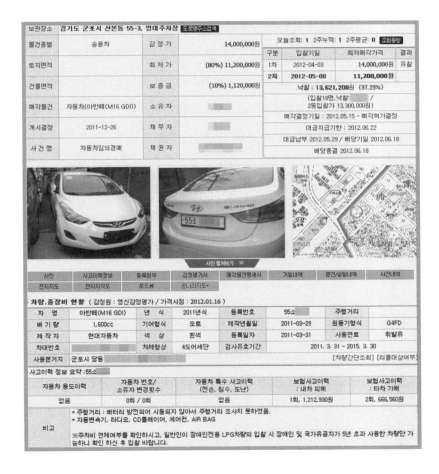

보관장소	경기도 군포시 산본동 55-3, 영대주차장 도로명주소검색								
물건종별	승용차	감정가	14,000,000원	오늘조회: 1 2주누적: 1 2주평균: 0 조회동향					
토지면적		최저가	(80%) 11,200,000원	구분	입찰기일		최저매각가격		결과
				1차	2012-04-03		14,000,000원		유찰
				2차	2012-05-08		11,200,000원		
건물면적		보증금	(10%) 1,120,000원	낙찰: 13,621,200원 (97.29%)					
매각물건	자동차(아반떼(M16 GDI))	소유자		(입찰18명,낙찰: / 2등입찰가 13,300,000원)					
개시결정	2011-12-26	채무자		매각결정기일 : 2012.05.15 - 매각허가결정					
				대금지급기한 : 2012.06.22					
사건명	자동차임의경매	채권자		대금납부 2012.05.29 / 배당기일 2012.06.18					
				배당종결 2012.06.18					

사진	사고이력정보	등기원부	감정평가서	매각물건명세서	기일내역	문건/송달내역	사건내역
전자지도	전자지적도	로드뷰	온나라지도+				

차량.중장비 현황 (감정원 : 영신감정평가 / 가격시점 : 2012.01.16)

차 명	아반떼(M16 GDI)	년 식	2011년식	등록번호	55소	주행거리	
배기량	1,600cc	기어형식	오토	제작년월일	2011-03-29	원동기형식	G4FD
제작자	현대자동차	색상	흰색	등록일자	2011-03-31	사용연료	휘발유
차대번호		차체형상	4도어세단	검사유효기간	2011. 3. 31 - 2015. 3. 30		
사용본거지	군포시 당동					[차량간단조회] [리콜대상여부]	

사고이력 정보 요약 :55소

자동차 용도이력	자동차 번호/ 소유자 변경횟수	자동차 특수 사고이력 (전손, 침수, 도난)	보험사고이력 : 내차 피해	보험사고이력 : 타차 가해
없음	0회 / 0회	없음	1회, 1,212,930원	2회, 666,560원

비고	• 주행거리 : 배터리 방전되어 시동되지 않아서 주행거리 조사치 못하였음. • 자동변속기, 라디오, CD플레이어, 에어컨, AIR BAG ※주차비 연체여부를 확인하시고, 일반인이 장애인전용 LPG차량의 입찰 시 장애인 및 국가유공자가 5년 초과 사용한 차량만이 가능하니 확인 하신 후 입찰 바랍니다.

저는 2012년 3월에 '야생화의 실전 경매' 카페에서 기초반 강의를 들었을 때 처음으로 자동차 경매도 있다는 것을 알았고, 당시 경매로 투자하기엔 자금(종자돈 1,000만 원)도 부족했던 저는 그때 무언가 모르게 자동차 경매에 이끌려 경매정보지사이트인 '굿옥션'을 통해 매일매일 자동차 경매 물건을 보게 되었습니다.

그러던 어느 날 2011년식 뉴 아반테가 감정가 1,400만 원에 나왔는데 1회 유찰되어 1,120만 원에 진행되는 것이 마음에 들어 아내와 같이 산본동에 있는 주차장에 갔습니다. 그런데 무엇을 보아야 할지를 모르겠더라고요. 그래서 염치불구하고 기초반 멘토이신 하란님께 연락을 드렸더니 감사하게도 자동차 보는 법을 자세히 가르쳐주셔서 많은 도움을 받았습니다. 제가 배운 것을 복습하자면…

1. 차량에 흠집이나 사고 난 흔적이 있는지?
2. 내비게이션이 옵션으로 있는지?
3. 자동차 범퍼의 도장상태는 균일한지?
4. 차량의 전, 후면을 살펴봐서, 새롭게 칠한 부분이 있는지?

등입니다.

저희 부부는 처음에 뉴아반테를 볼 때부터 마음에 쏙 들었습니다. 그렇게 경매로 진행되는 자동차를 보고 와서 저는 장안평에 있는 중고자동차센터에 가서 출고된 지 2년 이내, 주행거리 20,000km 이내의 중고자동차를 알아본 결과 1,450~1,550만 원 정도의 가격으로 거래가 된다는 것을 알았습니다.

출고된 지 2년도 안 되었고 차량 감정가격도 중고차 시세보다 약 100만 원 정도 저렴했습니다. 그러면 지금은 1회 유찰되어 1,120만 원에 진행되니 만약에 최저가에서 조금만 더 써서(약 100만 원) 낙찰을 받을 수 있다면 약 300만 원 정도의 수익이 예상되었고 팔지 않더라도 그 가격이면 이번 기회에 구형 아반테(HD)를 바꿀 수 있는 좋은 기회가 될 것 같았습니다.

그렇게 입찰을 하기로 결정을 하고 난 후 우리 부부는 오랜만에 서로의 공통 관심사로 밤새 이야기꽃을 피웠습니다. 얼마를 써야 할까? 아내와 함께 고민을 하다가 우리는 1,250만 원을 써내기로 하였는데 입찰하는 날 이 뉴아반테의 입찰자는 총 18명이었고, 낙찰가는 1,362만 원이었습니다. 당연히 저는 패찰했고 제가 써낸 가격은 중간쯤이었습니다.

이렇게 2주간의 살 떨리던 시간은 지나갔고 비록 패찰했지만 저는 참 많은 것을 배웠습니다. 처음 경매 강의를 들을 때는 부동산용어조차 모르던 제가 이젠 어렴풋이나마 경매 진행절차도 알게 되어 앞으로 경매를 하는 데 많은 도움이 될 것 같습니다, 언제가는 내 차를 자동차 경매로 그리고 투자도 자동차 경매로 꼭 이룰 희망이 있기에 저는 행복합니다.

가라! 저 세상으로…

- 유지훈님 -

어느 날 제가 다니던 교회에서 주일 예배를 마치고 긴급회의가 열렸습니다. 저희 교회 봉고차량이 너무 노후되어 새로운 차량을 구입하자는 회의였습니다. 교회 성도들은 합심해 이번에 새차를 구입하기로 의견을 모았지만, 교회 형편은 그리 녹록하지 않았고, 차

량 헌금도 모아졌지만 새차를 구입하기에는 많이 부족했습니다. 부족한 돈을 가지고 걱정들을 하시다가 결국에는 저희 교회의 전도사로 봉사하셨던 배중렬 전도사님(야생화)에게 경매로 자동차를 구매할 수 있도록 도움을 요청하기로 했고 전도사님께 연락을 드렸더니 흔쾌히 도움을 주신다고 하셨습니다.

그리고 그 모든 과정은 청년부 회장을 맡고 있었던 제가 맡아서 진행하기로 결정이 되었지만, 경매에 대해 문외한이던 저는 배전도사님의 배려로 경매 기초과정을 들었습니다. 그렇게 경매를 배우고 나니 자신감도 생기더군요. 그래서 경매정보사이트를 계속 보면서 교회에 필요한 봉고차량을 검색을 하다가 의정부지원에서 진행되는 스타렉스를 발견하고는 전도사님께 자문을 구했더니 먼저 주차장에 가서 차량을 확인해보라고 하셨습니다.

그래서 교회 목사님을 모시고 경매 차량이 주차되어 있는 의정부 아줌마 주차장에 들어가서 차량들을 둘러보던 중 새차 아닌 새차 같은 스타렉스를 발견했는데, 그것이 우리가 찾던 물건이라 너무나 좋았습니다. 함께 갔던 목사님도 그 차를 보시고는 마음에 드셨는지 밝은 미소를 지으시더니 곧바로 차에 손을 대고는 기도를 하십니다. 저는 이 차가 우리 차구나 싶었습니다. 이렇게 목사님과 함께 임장을 마쳤고 목사님께서 이 차를 입찰을 하자고 결정을 하시고는 배전도사님께 전화를 걸어 다시 한 번 부탁을 하셨습니다.
차량년식이 2010년이라 출고된 지 2년밖에 되지 않았고 주행거리 또한 27,000km라 새차나 다름없어서 굿초이스라고 생각했고 2011년 12월 27일 감정가인 1,750만 원에서 유찰되어 최저가 1,400만 원에 진행되기에 저희는 꼭 낙찰을 받고 싶었습니다.

혼자서는 아직 두려움이 있으므로 저는 배전도사님을 귀찮게 해드릴 수밖에 없었습니다. 입찰하기 하루 전에 굿옥션 조회수를 살펴보니 650회였기에 얼마를 써내야 할까 고민을 하다가 배전도사님께 여쭤보니 이 정도의 차량시세는 1,700만 원이 넘는다고 하시면서 입찰가를 1,500만 원은 넘겨야 할 거라고 말씀해주셔서 입찰가를 15,380,000원으로 정했습니다.

그리고 입찰일.

이 차량에는 4명이 입찰을 했고 저희가 당당히 낙찰을 받았습니다. 저와 배전도사님은 곧바로 대금납부와 이전등기를 한 후 차량인도를 받으러 아줌마 주차장으로 왔는데 대부분의 경매 차량은 오랫동안 방치되어 차량방전이 많기 때문에 점프 선으로 시동을 걸어야 할 것 같았지만 시동도 기가 막히게 잘 걸렸습니다. 부르릉~~.

이전 등록까지 모든 마무리를 깔끔하게 도와주신 배전도사님은 제게 말씀하셨습니다.

"가라! 저기 저 세차장으로."

세차를 하고 나니 주차장에서 보던 것과 영 딴판이더군요. 이 차가 이렇게 좋았나 할 정도로 차는 세차를 하고 나니 아주 새차와 같았습니다.

그러나 얼마 후,
정기 자동차 검사를 맡아야 한다는 통지서와 함께 영등포 검사장으로 갔는데, 매연검사에서 불합격을 했습니다.

"어, 이상하다?"
차량도 오래 되지도 않았고 주행거리도 그렇고, 검사를 하시는 분도 의아해 하시면서 여기저기 만지작만지작 하시더니 다시 한번 검사를 시작했지만 매연농도는 70%! 불합격!

매연농도 기준치가 넘었다고 차량에 이상이 있는 것 같다고 영등포 검사장 관계자는 1급 자동차 정비소에서 알아보라고도 해서 곧바로 정비소로 찾아갔는데, 차량에 이상이 있다고만 하시고는 수리비 300만 원이라는 금액을 제시하시는 것이 아닌가.

차량에 무슨 문제가 생겼는지도 잘 설명을 안 하시고, 알지도 못하는 자동차 용어들만 늘어놓더니 수리비가 300만 원이라니… 저는 너무나 당황스러웠습니다. 그래서 현대자동차 A/S 센터로 갔더니 현대차 서비스센터 직원은 센서에 문제가 있는 것 같다고 해서 갈아 끼워봤지만 매연 농도는 기준치 이상으로 나왔고 결국엔 벌금을 낼 수밖에 없는 위기에 놓이게 되었습니다.

그렇다고 무작정 정비소에서 제시한 300만 원을 주고 고치기에는 교회 형편상 너무 부담스러워 다시 고민을 하던 중에 자동차 회사에 다니는 친구에게 혹시나 해서 물어보았더니, 차를 가져 와 보라고 해서 가지고 갔습니다.

그런데 그 친구는 차량을 장시간 방치하다가 사용해서 그러는 거라며 잠깐 시동도 걸고, 이것저것 만지더니 검사를 다시 받아 보라고 합니다. 그런데 합격 통지서를 받았습니다.

세상에….

차량의 이상이 있었던 것들이 말끔히 해결된 것입니다. 그렇게 낙찰받은 스타렉스로 인해 전혀 예상하지 못했던 변수 때문에 마음 고생은 많았지만, 이번 경매 물건으로 저에게는 많은 것을 배우고 느끼는 시간이었습니다. 또한 낙찰받은 지 3년이 지나가고 있지만 스타렉스는 한 번도 고장이 안 났고 저희 교회의 성도들의 발이 되어주고 있습니다.

chapter 03

소액으로 할 수 있는 자동차 경매

- 육남매두이님 -

보관장소	경기도 안산시 단원구 고잔동 723, 공영주차장 [도로명주소검색]						

				오늘조회: 1 2주누적: 1 2주평균: 0 [조회동향]			
물건종별	승용차	감정가	16,000,000원	구분	입찰기일	최저매각가격	결과
토지면적		최저가	(49%) 7,840,000원	1차	2013-03-28	16,000,000원	유찰
				2차	2013-05-02	11,200,000원	유찰
건물면적		보증금	(10%) 790,000원	3차	2013-06-13	7,840,000원	

낙찰 : **9,520,000원** (59.5%)

(입찰2명,낙찰:안양시 / 2등입찰가 8,560,000원)

매각결정기일 : 2013.06.20 - 매각허가결정

대금지급기한 : 2013.07.26

대금납부 2013.06.28 / 배당기일 2013.08.29

배당종결 2013.08.29

매각물건	자동차(크루즈1.8 DOHC)	소유자	
개시결정	2012-09-26	채무자	
사건명	임의경매	채권자	

사진 펼쳐보기 ∨

사진	사고이력정보	등록원부	감정평가서	매각물건명세서	기일내역	문건/송달내역	사건내역
전자지도	전자지적도	로드뷰	온나라지도+				

차량.증장비 현황 (감정원 : 강산감정평가 / 가격시점 : 2012.11.09)

차 명	크루즈1.8 DOHC	년 식	2011년식	등록번호	37수	주행거리	27,512km
배 기 량	1,796cc	기어형식	오토	제작년월일	2011-05-02	원동기형식	F18D4
제 작 자	쉐보레	색 상	검정	등록일자	2011-06-02	사용연료	휘발유
차대번호		차체형상	4도어노치백세단	검사유효기간	2011.06.02-2015.06.01		
사용본거지	경기도 화성시				[차량간단조회] [리콜대상여부]		

사고이력 정보 요약 :37수

자동차 용도이력	자동차 번호수/소유자 변경횟수	자동차 특수 사고이력 (전손, 침수, 도난)	보험사고이력 : 내차 피해	보험사고이력 : 타차 가해
없음	0회 / 0회	없음	1회, 11,363,370원	1회, 1,000,000원

비고	▪ 에어컨 스마트키 장치등이 설치되어 있음, 본건의 관리상태 등 제 현상은 보통인 편임 ※주차비 연체여부를 확인하시고, 일반인이 장애인전용 LPG차량의 입찰 시 장애인 및 국가유공자가 5년 초과 사용한 차량만 가능하니 확인 하신 후 입찰 바랍니다.

안녕하세요? 야생화의 실전경매 카페 기초반 24기 육남매두이입니다. 저는 2013년 5월에 경매를 시작했습니다. 이제 겨우 1년 조금 넘긴 병아리입니다. 저는 처음부터 자동차 경매에 대해 공부도 하지 않고 입찰서부터 넣었다가 자동차를 덜컥 낙찰을 받아 손해를 보았다가 잘 아는 형님의 소개로 야생화 실전경매 카페를 알게 되었고 야생화 선생님께 기초반 24기를 듣고 평범한 보안업체에 근무를 하다가 현재는 제가 낙찰받은 상가 물건의 주인이 되어 장사를 하고 있습니다. 경비원에서 출세해서 사장이 된 격이지요. 전부 야생화 선생님의 가르침 때문에 이렇게 된 듯합니다.

첫 번째 물건은 경매 공부도 하지 않고 처음 낙찰받고 후회를 했던 크루즈차량입니다. 차순위와는 100만 원 차이였는데 차량에서 100만 원 차이면 엄청난 차이로 낙찰을 받은 것입니다. 이때만 해도 셀프등기를 할 줄도 몰랐습니다.

셀프등기는 야생화의 실전경매 카페에서 채권자님의 글을 보고 힘을 내서 처음 해보았습니다. 이때만 해도 경매정보지도 볼 줄 모르고 그저 혼자서 자동차 경매를 해보겠다고 돌아 다닐 때라서, 이런 일들 저런 일들을 당했지만 만약에 경매정보지인 굿옥션만 봤더라면 사고차량인지를 알았을 텐데 하는 후회가 막심한 사례입니다.

아무 지식도 정보도 없이 대법원경매사이트만보고 입찰을 해서 낙찰을 받은 후 집에 와서 카히스토리에 들어가서 차량을 조회해보니 1,100만 원에 대파사고가 난 차량이었습니다. 중고시세는

1,300~1,400만 원이라서 950만 원에 낙찰받고 처음에는 좋다고 했지만, 매매업자들도 900만 원에도 안 가져가는 물건이더라구요.

200~300만 원 정도 손해 보겠구나 생각하고 사고차를 밝히고 팔 생각을 했습니다. 이래서 경매는 혼자 하는 게 아니구나 싶더라구요. 크루즈카페에서 하우스먹었다는 글을 올리고 1,200만 원에 판매를 해서 손해볼 줄 알았던 차량을 취·등록세 제외하구 20여일만에 200만 원 이득을 보았습니다. 결국은 이리저리 마음고생하며 손해는 안 봤지만 두 번 실수를 하지 않기 위해 그때부터 자동차 경매 공부를 시작했습니다.

야생화의 실전경매 카페 글을 읽어보면서 자동차 경매가 쏠쏠할 것 같아서 차량을 유심히 보다가 입찰을 하게 되었습니다. 아직 부동산 경매는 할 수 있는 단계까지는 아닌지라 저는 현재에도 차량만 종종 입찰하고 있습니다. 집 근처에 있는 안양지원에서 경매가 진행되는 스타렉스가 마음에 들어 임장을 가서 미리 준비해둔 점프선으로 시동도 걸어보고 이곳저곳 살펴본 후 사고 유무도 확인하고 입찰에 들어갔습니다.

사실 예전에 공부도 안 하고 1,100만 원에 사고난 대파 차량을 낙찰받아 속상해했던 적이 있던지라, 이번 자동차 경매에는 임장에 최선을 다했습니다. 그 사고차량으로 손해는 안 봤지만 큰 경험을 한지라 두 번 실수는 하지 않으려고 요즘은 꼼꼼히 살피고 들어갑니다.

보관장소	경기도 군포시 산본동 55-3 [도로명주소검색]							
물건종별	승용차	감 정 가	16,500,000원	오늘조회: 1 2주누적: 1 2주평균: 0 [조회동향]				
				구분	입찰기일	최저매각가격		결과
토지면적		최 저 가	(64%) 10,560,000원		2013-03-26	16,500,000원		변경
				1차	2013-06-04	16,500,000원		유찰
건물면적		보 증 금	(10%) 1,060,000원	2차	2013-07-09	13,200,000원		유찰
				3차	2013-08-13	10,560,000원		
매각물건	자동차(그랜드스타렉스)	소 유 자		낙찰 : 11,520,000원 (69.82%)				
				(입찰5명,낙찰: /				
개시결정	2012-09-10	채 무 자		2등입찰가 11,255,000원)				
				매각결정기일 : 2013.08.20 - 매각허가결정				
사 건 명	자동차임의경매	채 권 자		대금지급기한 : 2013.09.26				
				대금납부 2013.08.30 / 배당기일 2013.10.07				
관련사건	2013타경5016(중복)			배당종결 2013.10.07				

사진	사고이력정보	등록원부	감정평가서	매각물건명세서	기일내역	문건/송달내역	사건내역
전자지도	전자지적도	로드뷰	온나라지도+				

차량.중장비 현황 (감정원 : 대한감정평가 / 가격시점 : 2012.09.14)

차 명	그랜드스타렉스	년 식	2009년식	등록번호	700	주행거리	74,461km
배 기 량	2,497cc	기어형식	오토	제작년월일	2007-06-08	원동기형식	D4CB
제 작 자	현대자동차	색 상	회색	등록일자	2007-08-20	사용연료	경유
차대번호				검사유효기간	2011. 12.1~2012. 11. 30		
사용본거지	경기도 안양시					[차량간단조회] [리콜대상여부]	

사고이력 정보 요약 : 700

자동차 용도이력	자동차 번호/ 소유자 변경횟수	자동차 특수 사고이력 (전손, 침수, 도난)	보험사고이력 : 내차 피해	보험사고이력 : 타차 가해
없음	0회 / 1회	없음	없음	1회, 420,000원

비고	• 관리상태 보통시됨.(앞 범퍼 왼쪽 긁힘) • 배기량(2497cc), 자동변속기, 에어컨, ABS, 16인치, 운전석, 동승석 에어백, 알미늄휠. • 자동차등록원부상 주행거리;68,238km ※주차비 연체여부를 확인하시고, 일반인이 장애인전용 LPG차량의 입찰 시 장애인 및 국가유공자가 5년 초과 사용한 차량만 가능하니 확인 하신 후 입찰 바랍니다.

항상 금액도 소신껏 적어 내는데 너무 보수적으로 적어내는지 매번 패찰하더라구요. 그래도 야생화선생님의 말씀처럼 패찰을 했다고 흔들리지 않고 이번에도 절대 높게는 안 쓰고 소신껏 적어냈습니다. 윈스톰과 스타렉스에 입찰했습니다.

윈스톰은 2등으로 패찰. 스타렉스도 5명이 호명되길래 이번도 힘들겠다 생각이 들었습니다. 집으로 돌아가려는 마음을 먹고 있는데, 집행관님께서 마지막에 저를 부르더니 1등으로 낙찰이 되었다네요. 계속되는 입찰에 매번 2등만 하다가 드디어 265,000원 차이로 낙찰이 되었습니다.

2008년 스타렉스 12인승 무사고차량.

차량 임장 때 상태도 좋고, 바로 팔 수 있을 듯 했지만, 승합차는 12인석이면 좌석이 다 있는지, 정기점검이 남아 있는지, 공부를 해야 합니다. 차량은 무사고차량이지만 이곳저곳 수리할 부분이 있어서 100만 원 정도 이득만 보고 낙찰받고 일주일 만에 울산 현대자동차 앞에서 매매업자가 1,300만 원에 바로 가져갔습니다.

2001년식 에쿠스를 차순위와 22,000원 차이로 낙찰을 받았습니다. 이 차량은 차량키만 없지 상태가 너무도 좋았고 풀옵션 상태의 차량이었습니다. 차량 임장을 갔을 때 썬팅이 진하게 되어 있지만 안에는 풀옵션, 내비후방카메라까지 확인하고 입찰서를 적었습니다. 낙찰 되고 나서 차량 키 제작업체 불러서 15만 원 주고 키 깎고 바로 몰고와서 사진찍고 중고자동차 사이트에 올리자마자 구매한 지 7일만에 350만 원에 판매를 마쳤던 차량입니다.

키가 없다고 당황하지 마세요. 국산차는 차키 깎는 데 정말 5분이면 끝입니다. 경매하면서 친해진 차량 키전문가인 용인 가제트키

친구는 어플에 차대만 넣고 입력만 하면 5분 만에 키를 바로 제작해 줍니다. 차량 키가 없는 차도 틈새 중의 하나입니다.

저는 차량 경매의 전문가는 아닙니다. 경매라면 무조건 싸다고 해서 지인에게 경매를 배우고 그냥 입찰을 해서 대파차량을 낙찰받고 기뻐하던 저입니다. 나중에 대파차량은 싼값도 싼값이지만 매매도 어렵다는 것을 알고 집에서 혼자 울었습니다. 그래서 경매를 배교수님께 배워서 두 번 다시 이런 실수를 안 하려구 열공하는 기초반 24기입니다. 돈이 없어서 싼 차를 사서 되팔아 볼려는 마음은 누구나 같다고 생각합니다.

배교수님의 강의를 듣기 전에는 싸면 입찰하던 무데뽀였습니다. 교수님의 강의를 듣고서는 아무래도 차량보다는 주택·상가·아파트로 눈을 돌리게 되었지만, 자동차 경매는 조금만 조심하면 손해 볼 여지가 적으니 통 크게 입찰에 참여해보시는 것도 좋을 것 같습니다. 또한 입찰서 한번 작성 안 해보신 분들에게는 경매를 경험하기에는 최고라고 생각합니다.

작년 한여름, 안산지원에 오피스텔 입찰을 갔다가 에쿠스를 오며 가며 두 번 정도 보고 혹시나 하는 마음에 최저가에 2만 원 더 써서 낙찰을 받은 차량이 있습니다. 입찰보증금 132,000원, 낙찰금 132만 원.

차량상태는 샤크안테나에 지니맵의 DMB가 매립되어 있는 28만 km의 에쿠스. 물론 주행거리도 많고 수리할 부분도 있어 보여서, 감안하고 낙찰을 받았습니다. 다행히 수리비용은 안 들었습니다. 132만 원이면 매립된 내비게이션과 휠 등 부품만 팔아도 남는 가격이라 생각하고 입찰을 했습니다. 역시나 단독이었습니다. 취득세 7%가 10만 원도 안되었습니다.

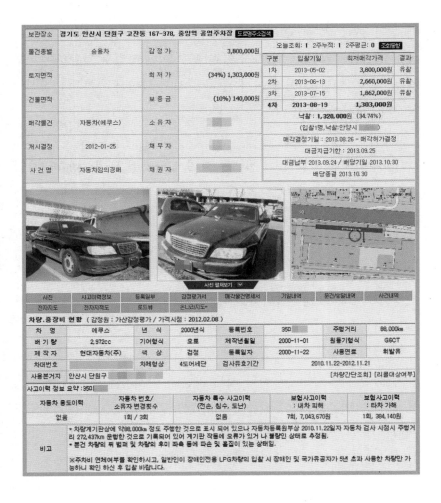

보관장소	경기도 안산시 단원구 고잔동 167-378, 중앙역 공영주차장 [도로명주소검색]						

				오늘조회: 1 2주누적: 1 2주평균: 0 [조회동향]			
물건종별	승용차	감정가	3,800,000원	구분	입찰기일	최저매각가격	결과
토지면적		최저가	(34%) 1,303,000원	1차	2013-05-02	3,800,000원	유찰
				2차	2013-06-13	2,660,000원	유찰
건물면적		보증금	(10%) 140,000원	3차	2013-07-15	1,862,000원	유찰
				4차	2013-08-19	1,303,000원	
매각물건	자동차(에쿠스)	소유자		낙찰: 1,320,000원 (34.74%)			
				(입찰1명, 낙찰:안양시)			
개시결정	2012-01-25	채무자		매각결정기일 : 2013.08.26 - 매각허가결정			
				대금지급기한 : 2013.09.25			
사건명	자동차임의경매	채권자		대금납부 2013.09.24 / 배당기일 2013.10.30			
				배당종결 2013.10.30			

사진	사고이력정보	등록원부	감정평가서	매각물건명세서	기일내역	문건/송달내역	사건내역
전자지도	전자지적도	로드뷰	온나라지도+				

차량.중장비 현황 (감정원 : 가산감정평가 / 가격시점 : 2012.02.08)

차 명	에쿠스	년 식	2000년식	등록번호	35●	주행거리	88,000km
배 기 량	2,972cc	기어방식	오토	제작년월일	2000-11-01	원동기형식	G6CT
제 작 자	현대자동차(주)	색 상	검정	등록일자	2000-11-22	사용연료	휘발유
차대번호		차체형상	4도어세단	검사유효기간		2010.11.22-2012.11.21	
사용본거지	안산시 단원구					[차량간단조회] [리콜대상여부]	

사고이력 정보 요약 :35●

자동차 용도이력	자동차 번호/ 소유자 변경횟수	자동차 특수 사고이력 (전손, 침수, 도난)	보험사고이력 : 내차 피해	보험사고이력 : 타차 가해
없음	1회 / 3회	없음	7회, 7,043,670원	1회, 384,140원

비고	* 차량계기판상에 약88,000km 정도 주행한 것으로 표시 되어 있으나 자동차등록원부상 2010.11.22일자 자동차 검사 시점시 주행거리 272,437km 운행한 것으로 기록되어 있어 계기판 작동에 오류가 있거나 나 불량인 상태로 추정됨. * 본건 차량외 뒤 범퍼 및 차량의 후미 좌측 등에 파손 및 흠집이 있는 상태임. ※주차비 연체여부를 확인하시고, 일반인이 장애인전용 LPG차량의 입찰 시 장애인 및 국가유공자가 5년 초과 사용한 차량만 가능하니 확인 하신 후 입찰 바랍니다.

　보험은 가입 후 차량 팔리면 환급받으니 걱정 안 하셔도 됩니다. 보험 가입하자마자 렉카를 부를 수도 있습니다. 매각허가결정 후 잔금납부일 잡히자마자 보험 가입하고, 긴급출동 렉카차 부르고, 차량 점프 띄우고, 집으로 귀가했습니다. 차비까지 해서 넉넉히 총 150만 원 지출했습니다.

25일간 에쿠스를 룰루랄라 타고 다니다가 동호회 등 차량관련사이트 홍보 후 차량업자에게 25일만에 300만 원에 판매했습니다. 업자도 이와 비슷한 차량을 매입하고 있던지라 차를 보더니 바로 10분만에 매입을 해갔습니다. 비록 자동차 경매는 대출도 안 되고 셀프등기를 해야 하는 초보자에게는 어려운 숙제도 있지만 소자본으로 과감히 도전해본다면 좋은 투자대상일 듯 합니다

팁을 한 가지 드리겠습니다. 안산지방법원 차량들은 중앙역앞, 안산지원앞 공영주차장 7층에 주차되어 있습니다. 안산지원은 점프선 들고 가서 점프를 떼어놓고 시동걸어도 뭐라구 하는 사람이 없습니다. 차키 받을 때 음료수 하나 건네주면 설명까지 해주고 몇 명이 차량을 보고 갔는지도 친절히 알려줍니다.

서울지역은 차량들이 빽빽하게 주차되어 있어서 임장 시 문도 제대로 못 열어 보고 오는 곳이 많지만 서울외곽이나 안산, 평택, 수원 등 지역은 음료수 하나 건네고 키 받으면서 점프 뛰어서 시동걸어 볼 곳이 많이 있습니다. 직접 임장을 다녀보고 주차관리인이랑 친해지면 얻을 수 있는 정보도 많습니다.

또 한 가지, 자동차 경매는 1,000만 원이 넘는 차량은 피하시길 바랍니다. 이유는 차량업자들이 너무도 많이 들어오기 때문입니다. 개인인 경우 취·등록세가 7%로 부담되는 수준이지만, 사업자들은 부담이 덜하기 때문에 1,000만 원이 넘는 차량은 패찰하는 경우가

많습니다. 저는 아예 대형차량이든가 아니면 취·등록세가 없는 소형차를 선호합니다. 경쟁이 세다면 아예 문제 있는 차를 찾는 것도 틈새 중 하나입니다. 제 글이 조금이나마 도움이라도 되었으면 좋겠네요. 모두 부자 되시고 대박나세요.

나는 자동차 경매에 실패했다

- 도전자님 -

보관장소	경기도		도로명주소검색					
					오늘조회: 4 2주누적: 3 2주평균: 0 조회동향			
물건종별	승용차	감정가	7,000,000원	구분	입찰기일	최저매각가격	결과
				1차	2013-11-25	7,000,000원	유찰
토지면적		최저가	(34%) 2,401,000원	2차	2013-12-30	4,900,000원	낙찰
				낙찰 5,229,000원(74.7%) / 1명 / 미납			
건물면적		보증금	(20%) 490,000원	3차	2014-04-14	4,900,000원	유찰
					2014-05-19	3,430,000원	변경
매각물건	자동차(로체)	소유자		4차	2014-06-23	3,430,000원	유찰
				5차	2014-07-28	2,401,000원	
개시결정	2012-11-06	채무자		낙찰 : 3,250,000원 (46.43%)			
				(입찰4명, 낙찰:양주시 / 2등입찰가 2,740,000원)			
사건명	자동차임의경매	채권자		매각결정기일 : 2014.08.04 - 매각허가결정			
				대금지급기한 : 2014.09.04			
				대금납부 2014.08.18			

차량.중장비 현황 (감정원 : 벽석감정평가 / 가격시점 : 2013.04.03)

차 명	로체	년 식	2006년식	등록번호	05서	주행거리	165,501km
배 기 량		기어형식	오토	제작년월일	2005-10-27	원동기형식	G4KC
제 작 자	기아자동차	색 상	검정	등록일자	2006-03-29	사용연료	휘발유
차대번호				검사유효기간		2010.03.29~2012.03.28	
사용본거지						[차량간단조회] [리콜대상여부]	
비고	※ 관리상태: 뒷타이어-1 펑크, 옵션: 듀얼에어백,오토에어컨,알미늄휠(전-225/50R17, 후-215/50R17) ※주차비 연체여부를 확인하시고, 일반인이 장애인전용 LPG차량의 입찰 시 장애인 및 국가유공자가 5년 초과 사용한 차량만 가능하니 확인 하신 후 입찰 바랍니다.						
참고사항	▶본건낙찰 2013.12.30 / 낙찰가 5,229,000원 / 성주시 이성용 / 1명 입찰 / 대금미납						

2013년 7월경 채권자님을 글을 읽고 감동 받아 자동차 경매를 시작하게 되었습니다. 처음에는 연습할 겸 석 달에 한 번씩 아버지의 속을 썩여주던 10년 된 트럭을, 첫 번째 목표로 자동차 경매를 통해 바꿔드렸습니다.

그리고 두 번째, 세 번째 차량을 매도면서 자신감이 아닌 자만감이 하늘을 찔렀을 때, 이 차를 만나게 되었습니다. 2006년식 2.4 로체. 이 당시 회사 선배가 굿옥션에 나와 있던 킬로 수와 비슷한 로체(2.0)를 650만 원선에서 인천에서 구입해 오셨기에, 저는 이 차에 눈이 뒤집혀 있었습니다.

제가 생각한 판매금액은 700만 원. 2.4 로체는 SK엔카 등 다른 중고차 사이트에는 없는 차량이어서 당연히 더 높은 금액을 받을 수 있다고 생각했습니다. 아버지 트럭을 중고로 판매하면서 알게 된 중고차 사장님께 전화를 드리려다가 최근에 입찰 준비한다고 너무 많이 전화를 해서 차마 전화로 시세를 물어보지 못했습니다. 그리고 그것이 그렇게 큰 실수였는지 그때는 몰랐습니다(전화 한 통화만 했다면 ㅠㅠ).

수리금액, 세금 등을 포함해 필수 지출 비용을 80만 원에서 100만 원으로, 나의 수입을 50~100만 원으로 잡고 입찰을 했는데 단독으로 낙찰. 지금까지 무수히 단독으로 받아봤지만, 왠지 모를 그날의 싸늘한 느낌은 지금도 잊혀지지 않습니다.

낙찰받고 즐겁고 행복한 마음에 다시 현장을 찾게 되었는데, 결혼을 하면 연애할 때의 콩깍지가 벗겨지듯이 낙찰받고 나니 이제서야 차량의 단점들이 눈에 들어왔습니다. 현장 조사할 때 눈이 쌓여 있어서 확인하지 못했던 차량 전체 ALL 기스(누가 일부러 열쇠로 긁어버린 흔적)들. '아~ 이것은 아무리 본전에 날려도 수리비가 장난 아니겠는데…' 여기 저기 섭외한 분들에게 전화를 돌렸는데. 차를 봐야 알겠지만 한판당 8만 원, 최소 50~80만 원은 생각하고 있으랍니다.

답답한 마음에 중고차 사장님께 전화를 드렸더니, 청천벽력 같은 소리를 하십니다. 2.4 로체는 기름을 많이 먹어서 찾지도 않아 거래량이 없답니다. 직접 탈 것 아니면 입찰하지 말랍니다(아~ 미리 전화할 것을…). 사장님께서 그렇게 말씀하시면 벌써 낙찰까지 받은 저는 어쩌라고요.

하지만 불행은 여기서 끝나지 않았습니다. 차를 보고 있으니 경비 아저씨가 오셔서 이것저것 말씀해주십니다.

경비 아저씨 : 이 차 굴러 갈까요?

나 : 뭔 소리인가요?

경비 아저씨 : 이 차 한 2~3년 동안 이 자리에 방치되어 있었는데….
그리고 말씀을 흐립니다.

나 : 넹~~~?

입찰하기 위해 출력한 준비서류를 다시 봤습니다. 문건접수 내역,

1. 본건은 경기도 ███████████████████████
   공장 내 보관중인 자동차에 대한 경매감정 평가임.

2. 본 자동차에 대해서는 차종, 형식, 년식, 주행거리, 관리상태 등을 감안하고, 중고
   자동차 거래시세 등을 참작하여 비준가격으로 평가하였음.

3. 본 자동차는 2010년 11월경 부터 조사일 현재까지 운행하지 않고, 장기간 보관중으로
   전차량 시동 걸리지 않으며, 차후 본 자동차 취급시 운행에 필요한 정밀검사 및 성능
   검사가 요망됨.

(1) 년식 및 주행거리

기호1 : 1997년식, 주행거리 - 201,984km
기호3 : 1999년식, 주행거리 - 자동차 등록원부상 195,460km
기호5 : 2000년식, 주행거리 - 407,422km
기호6 : 2000년식, 주행거리 - 217,028km
기호7 : 2001년식, 주행거리 - 226,048km
기호8 : 2002년식, 주행거리 - 자동차 등록원부상 166,720km
기호9 : 2002년식, 주행거리 - 269,207km
기호10 : 2002년식, 주행거리 - 208,583km
기호11 : 2002년식, 주행거리 - 252,564km
기호12 : 2002년식, 주행거리 - 167,445km
기호13 : 2004년식, 주행거리 - 자동차 등록원부상 135,207km
기호14 : 2004년식, 주행거리 - 자동차 등록원부상 147,225km
기호15 : 2004년식, 주행거리 - 자동차 등록원부상 138,250km
기호16 : 2006년식, 주행거리 - 자동차 등록원부상 79,020km
기호17 : 2004년식, 주행거리 - 84,065km
기호18 : 2005년식, 주행거리 - 114,107km
기호19 : 2005년식, 주행거리 - 363,630km
기호20 : 2006년식, 주행거리 - 자동차 등록원부상 165,501km
기호21 : 2006년식, 주행거리 - 151,741km
기호22 : 2009년식, 주행거리 - 미상

감정평가서 등을 말입니다. 또 눈에 들어옵니다. 2012년에 임의 경
매가 시작된 것과 차량의 킬로수는 실 차량의 킬로수가 아닌 정기
검사 봤을 때 킬로수라는 것을(기호 20번).

한숨이 절로 나옵니다(한숨은 쉴수록 늘고, 부정적인 생각을 끌고 오기에 끊었는데 나도 모르게 절로 나왔습니다).

아저씨에게 물어봤습니다 이 차는 누가 타고 다녔냐고. 아저씨왈, 상무가 영업 및 출퇴근용으로 타고 다녔답니다. 그리고 검사 받고 차가 방치되기까지 시간이 약 2년이 지났다며 차량의 운행 킬로수를 예상해보니 최소 4만만 잡아도 20만 Km 전후일 듯 하다는 것입니다.

그리고 어떻게 하면 보증금을 살릴수 있는지 고민하고 '그냥 내가 탈까'라는 고민도 했습니다. 하지만 결론은 "보증금을 포기하자."

사랑하는 회원님들, 그리고 책을 읽게 되실 독자분들은 저처럼 실수 하지 마시길 소망하며, '경매 공부 10년에 처음으로 보증금을 포기하다'의 마지막 점을 찍습니다. 항상 성공 투자하세요.

이번 사례를 통해 알게 된 자동차 경매 시 주의 사항

1. 추정에 의한 시세 분석이 아닌 철저한 시세 분석을
2. 감정평가서, 물건 명세표 등의 세밀한 분석을(차량은 오래 세워둘수록 고장 난 부분이 많아집니다)
3. 년식보다는 최초 보험 가입일로 차량 가격이 달리보세요.
4. 감정평가서나 물건 명세표에도 나와 있지 않지만 오래 방치된 차량도 많으니 항상 조심
5. 정보지에 명시된 차량 운행 킬로수가 실제 킬로수인지, 자동차 원부상의 킬로수인지 철저한 확인 필요

저도 애마가 생겼어요!

- 잔인토끼님 -

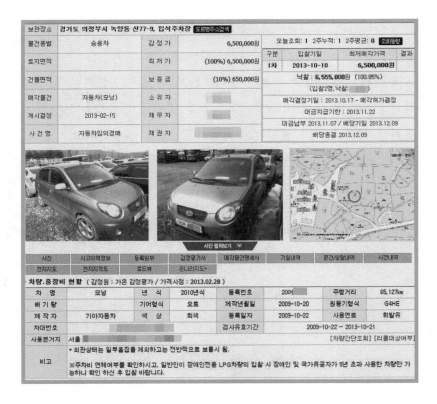

보관장소	경기도 의정부시 녹양동 산77-9, 입석주차장 도로명주소검색				

물건종별	승용차	감 정 가	6,500,000원
토지면적		최 저 가	(100%) 6,500,000원
건물면적		보 증 금	(10%) 650,000원
매각물건	자동차(모닝)	소 유 자	
개시결정	2013-02-15	채 무 자	
사 건 명	자동차임의경매	채 권 자	

오늘조회: 1 2주누적: 1 2주평균: 0 조회동향

구분	입찰기일	최저매각가격	결과
1차	2013-10-10	6,500,000원	

낙찰 : **6,555,000원** (100.85%)

(입찰2명, 낙찰:)

매각결정기일 : 2013.10.17 - 매각허가결정
대금지급기한 : 2013.11.22
대금납부 2013.11.07 / 배당기일 2013.12.09
배당종결 2013.12.09

사진 펼쳐보기 ✓

사진	사고이력정보	등록원부	감정평가서	매각물건명세서	기일내역	문건/송달내역	사건내역
전자지도	전자지적도	로드뷰	온나라지도+				

차량.중장비 현황 (감정원 : 가온 감정평가 / 가격시점 : 2013.02.28)

차 명	모닝	년 식	2010년식	등록번호	200어	주행거리	65,127km
배 기 량		기어형식	오토	제작년월일	2009-10-20	원동기형식	G4HE
제 작 자	기아자동차	색 상	회색	등록일자	2009-10-22	사용연료	휘발유
차대번호				검사유효기간	2009-10-22 ~ 2013-10-21		
사용본거지	서울					[차량간단조회] [리콜대상여부]	
비고	• 외관상태는 일부흠집을 제외하고는 전반적으로 보통시 됨.						
	※주차비 연체여부를 확인하시고, 일반인이 장애인전용 LPG차량의 입찰 시 장애인 및 국가유공자가 5년 초과 사용한 차량만 가능하니 확인 하신 후 입찰 바랍니다.						

야생화의 실전경매 카페에서 진행된 채권자님의 자동차 경매 특강을 듣고 평소에 갖고 싶었던 모닝 자동차를 검색하다가 드디어 이 물건을 찾았습니다. [사건번호 : 2013타경 9300]

입찰을 하기 전에 나름대로 차량 사고 유·무와 수수료에 대해 조사를 했고 의정부주차장에 가서 차량을 자세히 살펴봤습니다. 그런데 제가 조사한 결과로는 감정가가 너무 싸다는 것이었습니다. 이 자동차의 중고차 시세는 800만 원 정도였는데 이렇게 감정가가 싸게 나온 것이 못내 의심스러워 몇 번을 정보지와 물건을 살펴보았지만 제 결론은 800만 원 정도라면 판매도 가능하다는 것이었습니다.

경매 당일 처음하는 입찰이라 연습한다는 생각으로(사실 낙찰 될 거라는 생각은 전혀 안 했음.)
최저가 : 6,500,000원
입찰가 : 6,555,000원
낙찰가 : 6,555,000원(2명 입찰)

2013. 10. 10(목) 10:00시가 경매 시작 시간이었으나 9시부터 법원에 가서 기다렸답니다(참고로 경매당일 법원에 주차공간이 협소해 일찍 가서 여유롭게 주차하는 것이 좋을 듯 합니다).

법원에 가서 10시경 입찰표와 입찰봉투를 작성하고 11시까지 내지 않고 한참을 생각했습니다. 11시 10분경 입찰봉투를 넣고 12시 30분까지 기다리니, 드디어 집행관님이 개찰을 했고 제가 낙찰 되었답니다. 낙찰 후 신분증을 제시하고 영수증을 받아서 집으로 돌아오는데 다리가 떨리더군요.

낙찰받고 한 달 후 낙찰대금을 완납하니 경매계장님이 집행관실로 가라고 하셔서, 낙찰대금완납증명원을 가지고 집행관실에 가서 보여드렸더니 차량번호판을 주시면서 이렇게 말씀을 하시더군요.
"차량을 인수하러 가기 전에 꼭 책임보험부터 들고 가세요."
허걱!!
생각지도 못했던, 아니 낙찰받은 차량을 인수해온 뒤에 보험을 들려고 했는데….
집행관님의 당부가 아니었으면 큰일이 날뻔했습니다(십년 감수).
그래서 그 다음 날 책임보험에 가입했고 해당 주차장에 가서 차량을 인수하려고 왔다고 하니 주차장에서 근무하시는 주차장아저씨 왈! "시동이 안 걸릴 텐데? 점프선은 가져왔나요?"
"네? 점프선을 안 가지고 왔는데요?"
"먼저 시동을 걸어보세요."
나는 주차장 아저씨의 말씀대로 키를 받아가지고 시동을 걸어보니 역시 시동이 안 걸렸습니다. 이구구….

주차장 아저씨에게 가서 점프선을 빌려 시동을 걸어 낙찰받은 차를 집으로 가지고 올 수 있었고 다음날 구청에 가서 이전등기를 했고 지금은 잘 타고 다닙니다. 여러분도 한 번 좌충우돌 도전해 보세요. 자동차 경매 메리트 있어요.

40대 B형 아줌마의 자동차 경매 성공기

- 울루랄라님 -

몇 달 전 자동차 경매 강의를 듣고 경매로 내 집을 마련하려던 생각은 잠시 뒤로 하고, 종자돈을 모아보려는 욕심으로 자동차 경매에 과감히 뛰어 들었습니다. 야생화 선생님이 40대 B형 여자분들이 투자자로서는 제격이라고 하셨는데, 제가 40대 B형 여자라서 선생님 말씀에 힘을 얻어 매일 자동차 경매 물건을 임장했어요. 그러다가 수원지원에서 진행되는 2010년형 그랜저가 상당히 깨끗해 보였고 상태도 좋아서 입찰을 하기로 마음을 먹었습니다.

그리고 입찰 전에 몇 번이나 차가 보관 되어 있는 주차장으로 가서 상태를 계속 확인했지요. 주차장아저씨께 음료수를 가지고 가서 매번 인사를 드리니 이런저런 이야기를 해주시더니 나중엔 차 열쇠를 가지고 오셔서 내부도 보여주시기까지 했습니다.

검정색 그랜저. 음향장치도 꽤 잘되어 있었고 가죽시트도 꽤 좋아보였습니다. 중고자동차 사이트인 엔카 등을 통해 중고차 시세를 알아보고 만약에 낙찰받았을 때에 내야 할 세금들도 계산해 보았지요. 2010년형 그랜져는 당시 1,400~1,500만 원 정도에 팔리고 있었습니다.

감정가 1,600만 원
1회 유찰(30%)
최저가 1,120만 원

저는 최저가만 쓰면 낙찰되지 않을까 생각하고 생각하다가 이 정도로 상태가 좋은 그랜져는 낙찰가가 올라갈 것 같아 어떻게 해야 하나 많은 고민이 될 때 야생화 선생님의 말씀이 귀가에 들려오더군요

"낙찰만 받는다고 성공하는 것이 아닙니다. 팔아서 남아야지요, 그러려면 떨어져도 좋다는 생각으로 소신지원을 하세요."

그래서 입찰가를 확실히 정했습니다. 1,258만 원으로.
떨리기는 했으나 저는 이 가격으로 입찰을 했고 제가 입찰한 그랜져는 6명이 입찰 들어왔지만 제가 낙찰받았습니다. 차순위자는 1,225만 원 썼고요.

낙찰을 받은 후 때 빼고 광내고 인터넷 중고사이트에 1,500만 원에 올렸더니 연락이 안 오기에, 빨리 처분할 생각으로 다시 1,400

만 원으로 올렸더니 몇 사람이 제 차를 보러 왔고 그중에 1,380만 원 준다는 사람이 있어서 팔았습니다. 팔고 나서 이것 저것 계산해 보니, 80만 원 정도 남았습니다.

생각했던 것보다 많이 남은 것은 없지만 그래도 낙찰받은 지 한 달 만에 80만 원을 벌고 보니 무언가 해냈다는 뿌듯함과 자신감이 충만해졌습니다. 그래서 야생화의 실전경매 카페 기초반 모임방에 후기를 올렸더니 야생화선생님이 보시고는 고개 들지 말라고 하시데요.

그때 저는 움찔! 했습니다. 그래서 요즘은 조용히… 아주 천천히… 티 내지 않고 더 나은 수익을 내기 위해 경매 공부에 올인하고 있습니다.

Dog Dream…

- Andrew님 -

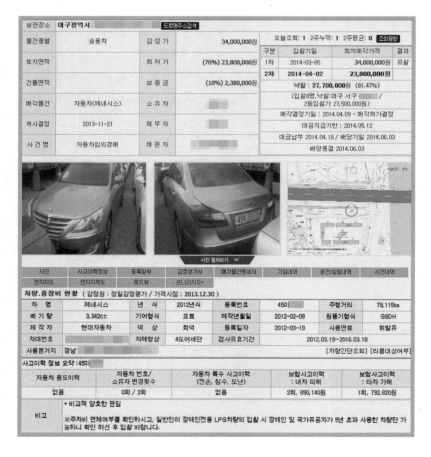

보관장소	대구광역시		도로명주소검색					
물건종별	승용차	감정가	34,000,000원	오늘조회: 1 2주누적: 1 2주평균: 0 조회동향				
토지면적		최저가	(70%) 23,800,000원	구분	입찰기일	최저매각가격	결과	
				1차	2014-03-05	34,000,000원	유찰	
건물면적		보증금	(10%) 2,380,000원	2차	2014-04-02	23,800,000원		
매각물건	자동차(제네시스)	소유자		낙찰: 27,700,000원 (81.47%)				
개시결정	2013-11-21	채무자		(입찰8명,낙찰:대구 서구 / 2등입찰가 27,500,000원)				
사건명	자동차임의경매	채권자		매각결정기일 : 2014.04.09 - 매각허가결정 매금지급기한 : 2014.05.12				
				대금납부 2014.04.18 / 배당기일 2014.06.03 배당종결 2014.06.03				

사진	사고이력정보	등록원부	감정평가서	매각물건명세서	기일내역	문건/송달내역	사건내역
전자지도	전자지적도	로드뷰	온나라지도+				

차량.중장비 현황 (감정원 : 정일감정평가 / 가격시점 : 2013.12.30)

차 명	제네시스	년 식	2012년식	등록번호	450	주행거리	79,115km
배기량	3,342cc	기어형식	오토	제작년월일	2012-02-08	원동기형식	G6DH
제작자	현대자동차	색상	회색	등록일자	2012-03-19	사용연료	휘발유
차대번호		차체형상	4도어세단	검사유효기간	2012.03.19~2016.03.18		
사용본거지	경남				[차량간단조회] [리콜대상여부]		

사고이력 정보 요약 : 450

자동차 용도이력	자동차 번호수 / 소유자 변경횟수	자동차 특수 사고이력 (전손, 침수, 도난)	보험사고이력 : 내차 피해	보험사고이력 : 타차 가해
없음	0회 / 2회	없음	2회, 890,140원	1회, 792,820원

비고	* 비교적 양호한 편임 ※주차비 연체여부를 확인하시고, 일반인이 장애인전용 LPG차량의 입찰 시 장애인 및 국가유공자가 5년 초과 사용한 차량만 가능하니 확인 하신 후 입찰 바랍니다.

2013년에 차량 2대 중 1대가 고속도로를 달리다가 차에 불이 나서 전소가 되고 난 후 와이프차로 1년을 생활하다 일단 차부터 구하자는 생각으로 차량 입찰을 시작했습니다. 아래는 입찰 후기이고 저는 2개월 전에 다른 차를 낙찰받았습니다.

전날 새벽까지 근무를 한 덕분에(?) 어제 수요일 오전 자유시간을 확보했습니다. 이날은 '야생화의 실전경매' 카페에서 기초반 29기 수업을 듣는 날이고, 미리 찜 해둔 차량의 경매가 있는 날이었습니다. 현실적으로 제가 법원에 가는 것보다는 와이프가 갈 수 있는 여건이 되기에, 와이프에게 아침을 먹고 바람이나 쐴 겸해서 같이 법원에 가자고 했습니다.

저는 이 번이 '야생화의 실전경매' 카페 기초반에서 진행된 법원 견학 후 2번째 방문하는 날이었습니다. 와이프 왈 "혹시, 법원에서 아는 사람 만나면, 우리 이혼하러 온 줄 아는 거 아닌가?" 저는 "법정이 다르거든요. 쓸데 없는 소리하지 마세요."

그렇게 같이 간 법원. 일전에 법원견학을 하러 가서 장소도 익숙(?)해서 망설임 없이 법원 은행으로 고~~. 와이프에게 보증금을 수표로 찾으라 하고. 저는 입찰표를 쓰려고 가방을 확인하니, '어! 도장이 없네? 젠장 창피하게, 와이프도 같이 왔는데….'
얼른 담당자에게 가서
"저~~~ 죄송한데… 도장이 없는데 지장 찍어도 되나요?"

"네, 본인이시죠? 당연하죠."

수표 찾아온 와이프랑 같이 기입대에 들어가서 야생화선생님께 기초반 마지막 시간에 들은 주의사항을 강조강조하면서 '금액 잘못 쓰면 패가망신한데이… 니 조심하그래이 알겠제?'

원래 저의 입찰예상가는 2,550만 원.
검토하면서 혼자 생각한 낙찰예상가는 2,900만 원.
뭐… 어차피 이번에 낙찰받을 생각이 없었으니.
와이프에게는 대충 최저가에 쓰자고 하고 2,550만 원으로 입찰가를 작성하고 제출했습니다.
'아, 떨려… 첫 경험이 역시 중요하구나.'
둘이서 커피 한 잔 하면서…
'혹시 단독입찰이면?'
'대충 1~2개월 타면서 팔아 넘겨도 용돈은 되겠구나….'
"오빠, 우리 용돈 많아지겠다. 그치?"
"응~~~"
쓸데없이 시시덕거리면서 개찰을 기다렸습니다.
결과는 자료와 같이 전 무조건 예상대로 낙방… 시시덕거리던 단독입찰은 Dog Dream….

이렇게 와이프 훈련시키고 집으로 오는 길에 덩치가 더 큰 부동산 하려면 공부 더 하자고 서로 다짐했습니다.

기다림의 미학

- 도경아빠님 -

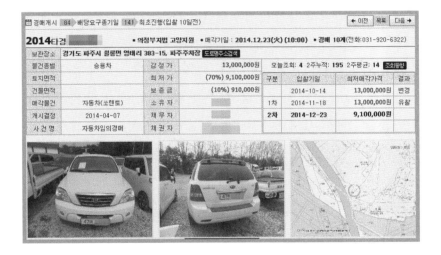

| 경매개시 | 04 | 배당요구종기일 | 141 | 최초진행(입찰 10일전) | | | ← 이전 | 목록 | 다음 → |

2014타경		● 의정부지법 고양지원 ● 매각기일 : 2014.12.23(火) (10:00) ● 경매 10계(전화:031-920-6322)					
보관장소	경기도 파주시 월롱면 영태리 383-15, 파주주차장 도로명주소검색						
물건종별	승용차	감정가	13,000,000원	오늘조회: 4 2주누적: 195 2주평균: 14 조회동향			
토지면적		최저가	(70%) 9,100,000원	구분	입찰기일	최저매각가격	결과
건물면적		보증금	(10%) 910,000원		2014-10-14	13,000,000원	변경
매각물건	자동차(쏘렌토)	소유자		1차	2014-11-18	13,000,000원	유찰
개시결정	2014-04-07	채무자		**2차**	**2014-12-23**	**9,100,000원**	
사건명	자동차임의경매	채권자					

저는 야생화의 실전경매 카페 기초반 27기의 도경아빠라고 합니다. 이사 갈 집을 낙찰받기 위해 경매를 시작해 지난 1년 동안 20번의 입찰을 했으나, 한번도 낙찰된 적이 없는 아직도 초보자입니다.

그래도 경매 때문에 주변 시세를 잘 알게 되었고, 그 덕분에 제가 원한 단지의 물건이 나왔을 때 '어? 요정도 가격이면 좋은데'라는 생각과 함께 바로 100만 원의 가계약금을 던져주고 집을 계약할 수 있었습니다. 이것도 배중렬 교수님의 가르침 덕분이라고 생각합니다.

이번에는 11년 된 제 차 구형 싼타페를 너무 오래 타다 보니(22만 Km) 이곳저곳 돈 들어갈 일이 많아졌을 때, 야생화의 실전경매 카페에서 채권자님의 강의가 잡혀있다는 글을 읽자마자 강의 신청을 하고, 자동차 경매를 접하게 되었습니다.

저도 와이프도 SUV를 좋아해서 SUV 중에서 고르게 되었는데, 그때 이 녀석이 눈에 들어오더군요. 매매가 아닌 제가 탈 차기에 수리비를 생각해서 시세보다 100만 원 정도 싸게 사자라는 생각을 하고 오후 반차를 내고, 임장을 가게 되었습니다.

카 히스토리를 보면 30만 원도 안 되는 사고 내역이 있더군요. 이게 사실이라면 이 정도 금액이야 사고도 아닌 거라는 생각과 함께 관리인께 드릴 박카스 한 상자도 사고, 현장에 도착해 주변을 두리번거리니 관리인께서(여성분이었습니다) 차 보러 왔냐며 자세하게 둘러보라고 하셨습니다.

외관을 보니 이곳저곳 흠집은 있었지만, 워낙에 차량 관리를 잘 안 하는 제 입장에서 이런 것은 큰문제가 되지 않아 보였습니다. 준비해간 박카스를 주차장관리인께 드리면서 차 내부를 볼 수 있게 키를 부탁드리니, 웃으시면서 이런 건 안 사와도 내부를 볼 수 있게 열어주신다며 친절하게 말씀을 해주시네요.

단, 시동은 못 걸어본답니다. 그러면서 자기가 이차를 몰아 봤는데 괜찮더라는 말씀과 함께 옆에 있는 그랜저를 적극 추천해 주시더군요. 승차감도 좋았고 내부 옵션도 좋고, 단 흠이라면 사고차라고⋯.
그게 괜찮다면 그랜저 입찰하라고⋯ 전 웃으면서 '네'라고 대답하고⋯ 그래도 시동도 걸리고 시운전 시 괜찮았다고 하니 한결 마음이 놓이더군요. 내부를 열어보니 청소상태가 너무 엉망이더군요. 또 배운 게 있다고 관리인 몰래 문을 열고 고무를 뜯어서 용접자국도 확인해보고, 셀카봉을 이용해 차량하부의 부식상태도 확인해보고⋯ 부식은 좀 있더군요.

그래도 이 정도면 타고 다닐만하다는 생각에 입찰준비를 했고, 중고차 매입시세를 알아보니 감정가와 비슷하더군요. 중고차 딜러들이 매입가에 200만 원 정도 붙여 먹는다는 생각을 하고 저는 100만 원 정도 수리를 하면 아주 손해는 아니겠구나 하는 단순한 생각을 하고 입찰을 하기로 정했습니다. 그런데 이게 웬일? 입찰일에 변경이 되었네요?

기다려봐야죠. 조만간 이 차량이 진행된다면 제가 생각한 금액으로 소신껏 입찰을 해볼 것입니다.

잊지 못할 자동차 경매

- 스마일빅님 -

자동차 경매라는 말을 처음 들어보았던 나로서는 모든 게 두렵고 조심스러웠다. 다행히 자동차 경매에 입찰하기 1년 전쯤에 빌라 경매에 입찰해 낙찰받았던 경험이 있었기에 용기를 낼 수 있었다. 하지만 자동차 경매는 내가 생각한 것보다 까다로운 면이 있었다. 특히 자동차에 대해 잘 모른다는 것이 가장 큰 어려움이었다.

나는 2002년 1월에 운전면허를 취득하면서 장롱면허가 되지 않기 위해 곧바로 자동차를 운전하고 싶었다. 하지만 가진 돈이 많지 않아서 차를 구입하는 데 신중할 수밖에 없었다. 새차는 포기하고 중고자동차를 알아보는 동안에 운전경력이 많은 사람들에게 자동차를 고르는 법과 중고로 쓰기에 적당한 차에 대해 물어보기도 하고, 중고차 매매상에 방문해서 직접 차를 몰아보기도 하면서 자동차에 대해서 배웠다. 그러던 중, 우연히 인터넷사이트를 통해서 공매로 나온 자동차에 대해서 알게 되었고, 중고 매매상에서보다 훨씬 싼 가격에 살 수도 있겠다고 생각하고, 당시 오토마트라는 사이트를 통해서 정보를 모으기 시작했다. 하지만 압류차량보관소에 직접 가 보아도 문을 열고 안을 자세히 살펴볼 수도 없었을 뿐만 아니라, 시동을 걸고 운전을 해볼 수도 없었다(이렇게 하는 것이 기본이었다).

그래서 나는 전략을 바꾸어서 일단 집에서 가까운 곳이면서 관공서에서 직접 압류 중인 차량을 중심으로 알아보았다. 다행히 관공서는 체납된 세금 등을 회수할 당사자인지라 문의전화에 친절하게 정보를 제공해주었다. 일단 유지비도 적게 들면서 튼튼한 차 중에서 내 형편에 맞추어서 입찰하기로 하고, 인천 부평구청에 전화를 했다. 열쇠도 있고 보관 중인 주차장 내에서 운전도 해볼 수 있다고 했다. 담당자와 약속을 하고 곧바로 구청으로 갔다.

예상대로 연식만큼 차량은 중고차의 모습 그대로였다. 키를 꽂고 돌리니 시원하게 돌아가는 엔진소리가 마음에 들었다. 조심스럽게 주차장 안을 한 바퀴 돌고 원래대로 주차한 뒤에 그 동안 배운 대로 자동차의 상태를 체크해가면서 메모해간 항목을 나름대로 살펴보았다.

나는 평생 처음으로 자동차를 소유하게 될 기대를 가지고 입찰했고 낙찰을 받았다. 29만 원짜리 프라이드 스틱차량이었다. 내 생각에 이 차는 아무도 입찰하지 않을 것 같아서 최저금액을 그대로 썼는데 예상대로였다. 자동차 경매는 주택의 경우보다 서류절차가 비교적 간단했다. 낙찰받고 잔금만 잘 내면 구청에서 알아서 다 해주는 시스템이었다. 나는 차량을 인도하러 가기 전에 미리 집 근처의 카센터를 방문해서 상황을 설명하고 정비 점검에 대해서 부탁을 해두고, 내가 아직 식지도 않은 운전면허증을 가지고 있다는 사실을 알려주고 어떻게 하면 무사히 카센터까지 자동차를 몰고 올 수 있는지를 물어보고 결행에 옮겼다.

"2단을 넣고, 2차로로 달리기만 하라."
"뒤에서 빵빵거려도 신경쓰지 말고, 무조건 그 길로 달려라."

나는 구청에서 열쇠를 받고 지하주차장에서 차를 몰고 정비소 사장님의 말대로 기어를 2단에 두고 서행했다. 아니나 다를까 뒤에서 차들이 빵빵거리고 옆으로 휙휙 지나가고 추월해가면서 힐끔거리며 쳐다보았다. 등에서는 식은땀이 흐르는 것 같았고, 운전대를 잡은 손에는 힘이 들어갔고, 클러치 밟는 다리가 너무 아팠다. 운전학원에서 배운 것을 기억해내면서, 클러치를 밟고 기어를 바꾸고 악셀을 밟는 일을 반복하면서 전진 또 전진했다.

기어는 1단과 2단을 오가야 하는데, 가끔씩 3단으로 바꾸고 속력을 높여보고 싶은 충동이 들어서, 오리가 연못 위를 떠갈 때 물 속에서 끊임없이 발을 움직이며 헤엄치듯이, 내 두 발은 마치 오리발처럼 부지런했다. 그런데 이게 웬일인가. 길 한 가운데서 그만 시동이 꺼져버리는 것이 아닌가. 순간 비상등을 켜고 다시 시동을 걸면 엔진은 잘 돌아가는데, 클러치 밟고 변속하는 것이 이상했다. 작은 승용차이니까 시동 걸고 1단에서 출발하는 게 교과서 내용인데, 1단에서 계속 시동이 꺼지는 것이 아닌가.

하는 수 없이 2단 출발을 시도해보았다. 다행히 2단에서 움직여 주었다. 하지만 차들이 막혀서 속도가 떨어지면, 기어를 낮추어야 하는데, 1단으로 변속을 하면 영락없이 시동이 꺼져버리는 것이었다. 식은땀이 아니라, 머리카락이 솟구치고 사고라도 날 것 같아 가슴이 콩닥거리기 시작했다. 우여곡절 끝에 정비소에 도착해 그 길었던 일들을 설명했더니, 꼼꼼하게 정비를 해주었고, 기어봉을 교체한 뒤에서야 이상 없이 운전할 수 있었다. 정말 아찔한 순간들이었다.

나는 6개월 정도 실전 운전을 경험해 감각을 익힐 수 있었고, 다른 차량이 생기게 되어, 내가 낙찰받은 금액에 수리비를 포함해서 다른 사람에게 넘겼다. 자동차 정비사라든가, 전문가적 소견을 가진 사람이 아니고서야 뜯어보기 전에 속을 알 수 없는 이런 부분들은 중고자동차 거래에 있어서 언제나 변수가 될 수 있다.

이렇게 첫 번째 자동차 경매의 경험을 하고 되었고, 그로부터 5년 뒤인 2007년 1월 요즈음처럼 날씨가 정말 춥기도 하고, 눈이 많이 내려서 도로 주변에 하얀 눈이 쌓여 있던 때, 다시 공매로 나온 자동차를 찾게 되었다. 맞벌이 하던 아내에게 자동차를 선물해주고 싶어서(여전히 새차를 뽑아 줄 정도는 안 되었기에) 내 주머니 사정에 맞추어 자동차를 검색했습니다. 그러던 중, 나는 2종류의 차량을 발견하고 저울질하기 시작했다. 문제는 차량의 보관장소가 내가 가볼 수 없을 만큼 먼 곳에 있다는 것이었는데 전주에 있는 것은 라노스(오토), 강릉에 있는 것은 베르나(스틱)였다.

아내의 면허는 1종 보통이었기 때문에 스틱도 가능했지만, 복잡한 서울시내에서는 오토로 해야 할 것인데도, 나는 마지막까지 고민했다. 왜냐하면, 연식과 주행거리, 그리고 차종 때문이었다. 어차피 현장에 가서 차량을 살펴볼 수 없는 상황에서는 공개된 다른 정보와 담당공무원과의 통화를 통해서 얻은 정보, 그리고 당시의 차량 시세 등을 통해서 판단할 수밖에 없었다.

연식 및 주행거리, 차량 상태 등을 종합해서 판단해보니 베르나가 연식이 얼마 안 되었고 주행거리도 적었지만, 당시 시세에 비해서 조금 비싸다는 결론을 내렸고, 라노스를 최저가 180만 원에 20만 원을 더 올려서 200만 원에 입찰해 낙찰받았다. 낙찰받고서 전주시청 주차장에 보관 중이던 차량의 키를 넘겨받은 뒤 바로 시동을 걸어본 뒤, 최대한 꼼꼼히 상태를 살피고 청소도 해서 서울로 몰고 올라왔다. 서울에 도착한 뒤 자주 가던 카센터에서 정비할 부분이 있는지를 점검했는데, 다행이 차 상태는 양호해서 이 차량은 폐차할 때까지 잘 사용했다. 하지만 이런 모험은 앞으로 두 번 다시 하고 싶지 않은 일이다.

직접 자동차를 보지도 않고 입찰한다는 것은 말도 안 되는 일이기 때문이다. 나는 정말로 운이 좋았을 뿐이었다. 자동차는 집보다 감가상각이 더 많고 다양하다. 그래서 자동차에 대한 일반적인 상식들을 가능한 많이 확보하고 접근하는 것이 좋겠다고 생각한다. 내가 중고차를 볼 때 꼭 확인하는 것은, 차량 출고 후 차주가 한 사람이었는지, 대형사고의 경험, 연식, 주행거리, 바퀴의 상태 등이다.

필자가 오늘 아침에 본 뉴스들은 그리 밝은 내용이 아니었습니다. 대기업은 구조조정의 칼바람이 심상치 않다고 합니다. 매출 상위 300대 기업을 전수 조사해보니 2014년 1월에서 9월까지 2만 7,800명이 회사를 그만둔 것으로 파악되었다고 합니다. 입사를 하려 어학연수 등의 스펙관리에 많은 노력을 기울여 입사한 대기업일 것인데도 하루 102명꼴로 퇴사를 했다는 얘기가 됩니다.

자영업자들도 힘들긴 마찬가지입니다. 소비자들이 좀처럼 지갑을 열지 않아 연말 특수가 사라졌다고 합니다. 어제보다 오늘이, 오늘보다는 내일이 더 힘들 것이라고 한탄하는 자영업자들의 고심이 갈수록 깊어지고 있답니다.

2015년엔 직장인이건 자영업자이건 한 가지 직업으로 생활을 영위하긴 정말 힘들 듯합니다. 그런데 투잡을 시도해 보신 분들은 모두 공감하시겠지만 투잡을 하고 싶어도 마땅한 투잡거리가 없습니다.

그나마 힘들게 근무 시간 등 조건이 맞는 투잡거리를 찾았다고 하더라도 근무시간 자체가 짧기에 만족할 만한 급여가 아닐 것이고,

또는 급여를 올리기 위해 근무시간을 늘리려면 늦은 새벽까지 근무를 해야만 되는데 처음 첫 달은 악으로 버틴다 해도 한 달 이상 새벽까지 근무를 하게 된다면 체력적 한계에 다다르게 될 것입니다.

이처럼 투잡이 필요함에도 마땅한 투잡거리를 찾지 못한 분들에게 자동차 경매를 알려드리기 위해 이 책을 집필하게 되었습니다. 정말 '경매'의 '경'자도 모르는 분이라 할지라도 이 책의 첫 장을 펴 들고 따라하다 보면 어느새 낙찰을 받고 낙찰받은 차량을 손수 이전하고 결국 매도해 수익을 얻을 것입니다. 그런데 이처럼 경매를 모르는 분들을 위해 책을 집필하다보니 어느 정도의 경매 경험이 있는 분들에게는 다소 쉬운 듯 느껴질 수도 있을 것인데 이점에 대해서 넓은 마음으로 헤아려주시길 부탁드립니다.

하지만 한 가지 자신 있게 말씀드릴 수 있는 사실은 그간 필자가 겪은 시행착오와 그로 인해 지불했던 수업료를 독자 여러분들께서는 지불하지 않을 것이라는 점입니다. 그렇기를 기원하며 필자가 가진 노하우 전부를 독자 여러분들에게 전달하려는 마음가짐으로 한 장 한 장 집필을 했습니다.

희망 없는 삶을 살던 필자와 같은 분들에게 이 책이 자그마한 희망이 될 수 있길 기원하며, 책이 출판 될 수 있도록 도와주신 '야생화의 실전경매' 카페의 회원님들, 그리고 기획 단계부터 노고가 많으셨던 '두드림미디어'의 한성주 대표님께 감사드리며 조속한 시일 내에 보다 심화된 내용의 자동차 경매 책으로 찾아뵙도록 하겠습니다. 그럼 독자 여러분들의 '성공 투자'를 기원하며 이 글을 마칩니다.

각 법원의 주소와 입찰시간

■ 서울중앙지방법원
· 입찰시작 – 10:10
· 입찰마감 – 11:10
· 개찰시작 – 11:30
· 관할지역 – 서울특별시(강남구, 관악구, 동작구, 서초구,
　　　　　　 성북구, 종로구, 중구)
· 주　　　소 – 서울특별시 서초구 서초중앙로 157
· 대표전화 – 02) 530-1114

■ 서울동부지방법원
· 입찰시작 – 10:00
· 입찰마감 – 11:00
· 개찰시작 – 11:20
· 관할지역 – 서울특별시(강동구, 광진구, 성동구, 송파구)
· 주　　　소 – 서울특별시 광진구 아차산로 404
· 대표전화 – 02) 2204-2114

■ 서울남부지방법원
· 입찰시작 – 10:00
· 입찰마감 – 11:10
· 개찰시작 – 11:20
· 관할지역 – 서울특별시(강서구, 구로구, 금천구, 양천구,
　　　　　　 영등포구)
· 주　　　소 – 서울특별시 양천구 신월로 386(신정동)
· 대표전화 – 02) 2192-1114

■ 서울북부지방법원
· 입찰시작 – 10:10
· 입찰마감 – 11:10
· 개찰시작 – 11:30
· 관할지역 – 서울특별시(강북구, 노원구, 도봉구, 동대문구,
　　　　　　 성북구, 중랑구)
· 주　　　소 – 서울시 도봉구 마들로 749(도봉2동 626)
· 대표전화 – 02) 910-3114

■ 서울서부지방법원
· 입찰시작 – 10:00
· 입찰마감 – 11:20
· 개찰시작 – 11:30
· 관할지역 – 서울특별시(마포구, 서대문구, 용산구, 은평구)
· 주　　　소 – 서울특별시 마포구 마포대로 174(공덕동)
· 대표전화 – 02) 3271-1114

■ 의정부지방법원
· 입찰시작 – 10:30
· 입찰마감 – 11:50
· 개찰시작 – 12:00
· 관할지역 – 경기도(가평군, 구리시, 남양주시, 동두천시,
　　　　　　 양주시, 연천군, 의정부시, 철원군, 포천시)
· 주　　　소 – 경기도 의정부시 녹양로34번길 23
· 대표전화 – 031) 828-0114

■ 의정부지방법원 고양지원
· 입찰시작 – 10:00
· 입찰마감 – 11:20
· 개찰시작 – 11:30
· 관할지역 – 경기도(고양시 덕양구, 고양시 일산동구, 고양시
　　　　　　 일산서구, 파주시)
· 주　　　소 – 경기도 고양시 일산동구 장백로 209
· 대표전화 – 031) 920-6114

■ 인천지방법원
· 입찰시작 – 10:00
· 입찰마감 – 11:20
· 개찰시작 – 11:40
· 관할지역 – 인천광역시(강화군, 계양구, 남구, 남동구,
　　　　　　 동구, 부평구, 서구, 연수구, 옹진군, 중구)
· 주　　　소 – 인천시 남구 소성로 163번길 17(학익동)
· 대표전화 – 032) 860-1113~4

■ 인천지방법원 부천지원
· 입찰시작 – 10:00
· 입찰마감 – 11:10
· 개찰시작 – 11:30
· 관할지역 – 경기도(김포시, 부천시 소사구, 부천시 오정구,
　　　　　　 부천시 원미구)
· 주　　　소 – 경기도 부천시 원미구 상일로 129(상동)
· 대표전화 – 032) 320-1114

■ 수원지방법원
- 입찰시작 – 10:10
- 입찰마감 – 11:40
- 개찰시작 – 12:00
- 관할지역 – 경기도(수원시 권선구, 수원시 영통구, 수원시 장안구, 수원시 팔달구, 오산시, 용인시 기흥구, 용인시 수지구, 용인시 처인구, 화성시)
- 주　　소 – 경기도 수원시 영통구 월드컵로 120
- 대표전화 – 031) 210-1114

■ 수원지방법원 성남지원
- 입찰시작 – 10:00
- 입찰마감 – 11:10
- 개찰시작 – 11:30
- 관할지역 – 경기도(광주시, 성남시 분당구, 성남시 수정구, 성남시 중원구, 하남시)
- 주　　소 – 성남시 수정구 산성대로 451(단대동)
- 대표전화 – 031) 737-1558

■ 수원지방법원 여주지원
- 입찰시작 – 10:00
- 입찰마감 – 11:10
- 개찰시작 – 11:30
- 관할지역 – 경기도(양평군, 여주시, 이천시)
- 주　　소 – 경기도 여주시 현암동 640-10
- 대표전화 – 031) 880-7500

■ 수원지방법원 평택지원
- 입찰시작 – 10:00
- 입찰마감 – 11:20
- 개찰시작 – 11:30
- 관할지역 – 경기도(안성시, 평택시)
- 주　　소 – 경기도 평택시 평남로 1036(동삭동)
- 대표전화 – 031) 650-3114

■ 수원지방법원 안산지원
- 입찰시작 – 10:30
- 입찰마감 – 11:40
- 개찰시작 – 12:00
- 관할지역 – 경기도(광명시, 시흥시, 안산시 단원구, 안산시 상록구)
- 주　　소 – 경기도 안산시 단원구 광덕서로 75(고잔동)
- 대표전화 – 031) 481-1114

■ 수원지방법원 안양지원
- 입찰시작 – 10:30
- 입찰마감 – 11:40
- 개찰시작 – 11:50
- 관할지역 – 경기도(과천시, 군포시, 안양시 동안구, 안양시 만안구, 의왕시)
- 주　　소 – 경기도 안양시 동안구 관평로 212번길 70
- 대표전화 – 031) 8086-1114

■ 춘천지방법원
- 입찰시작 – 10:00
- 입찰마감 – 11:20
- 개찰시작 – 11:40
- 관할지역 – 강원도(춘천시, 양구군, 인제군, 홍천군, 화천군)
- 주　　소 – 강원도 춘천시 공지로 284(효자2동 356)
- 대표전화 – 033) 259-9000

■ 춘천지방법원 강릉지원
- 입찰시작 – 10:00
- 입찰마감 – 11:40
- 개찰시작 – 12:00
- 관할지역 – 강원도(강릉시, 동해시, 삼척시)
- 주　　소 – 강원도 강릉시 동해대로 3288-18(난곡동)
- 대표전화 – 033) 640-1000

■ 춘천지방법원 원주지원
- 입찰시작 – 10:00
- 입찰마감 – 11:20
- 개찰시작 – 11:40
- 관할지역 – 강원도(원주시, 횡성군)
- 주　　소 – 강원도 원주시 시청로149(무실동)
- 대표전화 – 033) 738-1000

■ 춘천지방법원 속초지원
- 입찰시작 – 10:00
- 입찰마감 – 11:20
- 개찰시작 – 11:30
- 관할지역 – 강원도(속초시, 고성군, 양양군)
- 주　　소 – 강원도 속초시 법대로 15(동명동)
- 대표전화 – 033) 639-7600

■ 춘천지방법원 영월지원
- 입찰시작 – 10:00
- 입찰마감 – 11:10
- 개찰시작 – 11:30
- 관할지역 – 강원도(태백시, 영월군, 정선군, 평창군)
- 주　　소 – 강원도 영월읍 영월향교1길 53(영흥리)
- 대표전화 – 033) 371-1114

◼ 대전지방법원
· 입찰시작 – 10:00
· 입찰마감 – 11:30
· 개찰시작 – 11:45
· 관할지역 – 대전광역시, 세종특별자치시, 충청남
　　　　　　도 금산군
· 주　　　소 – 대전광역시 서구 둔산중로 78번길 45
· 대표전화 – 042) 470-1114

◼ 대전지방법원 홍성지원
· 입찰시작 – 10:00
· 입찰마감 – 11:30
· 개찰시작 – 11:45
· 관할지역 – 충청남도(보령시, 서천군, 예산군, 홍성군)
· 주　　　소 – 충남 홍성군 홍성읍 법원로 38(월산리 848)
· 대표전화 – 041) 640-3100

◼ 대전지방법원 공주지원
· 입찰시작 – 10:00
· 입찰마감 – 11:30
· 개찰시작 – 11:45
· 관할지역 – 충청남도(공주시, 청양군)
· 주　　　소 – 공주시 한적2길 34-15(금흥동 610-1)
· 대표전화 – 041) 840-5700

◼ 대전지방법원 논산지원
· 입찰시작 – 10:00
· 입찰마감 – 11:30
· 개찰시작 – 11:45
· 관할지역 – 충청남도(계룡시, 논산시, 부여군)
· 주　　　소 – 충청남도 논산시 강경읍 계백로 99
· 대표전화 – 041) 746-2700

◼ 대전지방법원 서산지원
· 입찰시작 – 10:00
· 입찰마감 – 11:30
· 개찰시작 – 11:45
· 관할지역 – 충청남도(당진시, 서산시, 태안군)
· 주　　　소 – 충청남도 서산시 공림4로 24(예천동 600)
· 대표전화 – 041) 660-0600

◼ 대전지방법원 천안지원
· 입찰시작 – 10:00
· 입찰마감 – 11:10
· 개찰시작 – 11:30
· 관할지역 – 충청남도(천안시, 아산시)
· 주　　　소 – 충청남도 천안시 동남구 신부7길 17
· 대표전화 – 041) 620-3000

◼ 청주지방법원
· 입찰시작 – 10:00
· 입찰마감 – 11:30
· 개찰시작 – 11:40
· 관할지역 – 충청북도(청주시, 괴산군, 보은군, 증평군,
　　　　　　진천군)
· 주　　　소 – 충북 청주시 서원구 산남로 62번길 51
· 대표전화 – 043) 249-7114-5

◼ 청주지방법원 충주지원
· 입찰시작 – 10:00
· 입찰마감 – 11:30
· 개찰시작 – 11:45
· 관할지역 – 충청북도(충주시, 음성군)
· 주　　　소 – 충청북도 충주시 계명대로 103
· 대표전화 – 043) 841-9119

◼ 청주지방법원 제천지원
· 입찰시작 – 10:00
· 입찰마감 – 11:30
· 개찰시작 – 11:40
· 관할지역 – 충청북도(제천시, 단양군)
· 주　　　소 – 충청북도 제천시 칠성로 53
· 대표전화 – 043) 640-2070

◼ 청주지방법원 영동지원
· 입찰시작 – 10:30
· 입찰마감 – 11:20
· 개찰시작 – 11:30
· 관할지역 – 충청북도(영동군, 옥천군)
· 주　　　소 – 충청북도 영동군 영동읍 영동황간로 99
· 대표전화 – 043) 740-4000

◼ 대구지방법원
· 입찰시작 – 10:00
· 입찰마감 – 11:10
· 개찰시작 – 11:30
· 관할지역 – 대구광역시(남구, 동구, 북구, 수성구, 영천시,
　　　　　　중구, 청도군, 칠곡군), 경상북도 경산시
· 주　　　소 – 대구광역시 수성구 동대구로 364
· 대표전화 – 053) 757-6600

◼ 대구지방법원 서부지원
· 입찰시작 – 10:00
· 입찰마감 – 11:10
· 개찰시작 – 11:30
· 관할지역 – 대구광역시(고령군, 달서구, 달성군, 서구),
　　　　　　경상북도 성주군
· 주　　　소 – 대구 달서구 장산남로 30(용산동 230)
· 대표전화 – 053) 570-2114

■ 대구지방법원 안동지원
· 입찰시작 - 10:00
· 입찰마감 - 11:10
· 개찰시작 - 11:30
· 관할지역 - 경상북도(안동시, 영주시, 봉화군)
· 주　　소 - 경북 안동시 강남로 304(정하동 235-1)
· 대표전화 - 054) 850-5090

■ 대구지방법원 경주지원
· 입찰시작 - 10:00
· 입찰마감 - 11:10
· 개찰시작 - 11:30
· 관할지역 - 경상북도 경주시
· 주　　소 - 경상북도 경주시 화랑로 89(동부동 203)
· 대표전화 - 054) 770-4300

■ 대구지방법원 포항지원
· 입찰시작 - 10:00
· 입찰마감 - 11:10
· 개찰시작 - 11:30
· 관할지역 - 경상북도(포항시, 울릉군)
· 주　　소 - 경상북도 포항시 북구 법원로 181
· 대표전화 - 054) 250-3050

■ 대구지방법원 김천지원
· 입찰시작 - 10:00
· 입찰마감 - 11:40
· 개찰시작 - 12:00
· 관할지역 - 경상북도(김천시, 구미시)
· 주　　소 - 경상북도 김천시 물망골길 39(삼락동 1225)
· 대표전화 - 054) 420-2114

■ 대구지방법원 상주지원
· 입찰시작 - 10:00
· 입찰마감 - 11:30
· 개찰시작 - 11:50
· 관할지역 - 경상북도(상주시, 문경시, 예천군)
· 주　　소 - 경상북도 상주시 북천로 17-9
· 대표전화 - 054) 530-5500

■ 대구지방법원 의성지원
· 입찰시작 - 10:00
· 입찰마감 - 11:10
· 개찰시작 - 11:30
· 관할지역 - 경상북도(의성군, 군위군, 청송군)
· 주　　소 - 경상북도 의성군 의성읍 군청길 67
· 대표전화 - 054) 830-8030

■ 대구지방법원 영덕지원
· 입찰시작 - 10:00
· 입찰마감 - 11:00
· 개찰시작 - 11:30
· 관할지역 - 경상북도(영덕군, 영양군, 울진군)
· 주　　소 - 경상북도 영덕군 영덕읍 경동로 8337
· 대표전화 - 054) 730-3000

■ 부산지방법원
· 입찰시작 - 10:00
· 입찰마감 - 11:20
· 개찰시작 - 11:30
· 관할지역 - 부산광역시(강서구, 금정구, 동구, 동래구, 부산
　　　　　　진구, 북구, 사상구, 사하구, 서구, 연제구, 영도구, 중구)
· 주　　소 - 부산광역시 연제구 법원로 31(거제동 1500)
· 대표전화 - 051) 590-1114

■ 부산지방법원 동부지원
· 입찰시작 - 10:00
· 입찰마감 - 11:20
· 개찰시작 - 11:30
· 관할지역 - 부산광역시(기장군, 남구, 수영구, 해운대구)
· 주　　소 - 부산 해운대구 재반로 112번길 20번
· 대표전화 - 051) 780-1114

■ 울산지방법원
· 입찰시작 - 10:00
· 입찰마감 - 11:30
· 개찰시작 - 11:50
· 관할지역 - 울산광역시, 경상남도(양산시, 울주군)
· 주　　소 - 울산광역시 남구 법대로 55(옥동, 1415)
· 대표전화 - 052) 216-8000

■ 창원지방법원
· 입찰시작 - 10:00
· 입찰마감 - 11:10
· 개찰시작 - 11:30
· 관할지역 - 경상남도(창원시 성산구, 창원시 의창구,
　　　　　　창원시 진해구, 김해시)
· 주　　소 - 경상남도 창원시 성산구 창이대로 681
· 대표전화 - 055) 266-2200

■ 창원지방법원 마산지원
· 입찰시작 - 10:00
· 입찰마감 - 11:10
· 개찰시작 - 11:30
· 관할지역 - 경상남도(창원시 마산합포구,
　　　　　　창원시 마산회원구, 의령군, 함안군)
· 주　　소 - 경남 창원시 마산합포구 완월동 7길 16
· 대표전화 - 055) 240-9300

■ 창원지방법원 진주지원
· 입찰시작 – 10:00
· 입찰마감 – 11:30
· 개찰시작 – 11:50
· 관할지역 – 경상남도(진주시, 사천시, 남해군, 산청군,
　　　　　　하동군)
· 주　　소 – 경상남도 진주시 진양호로 303
· 대표전화 – 055) 760-3300

■ 창원지방법원 통영지원
· 입찰시작 – 10:00
· 입찰마감 – 11:20
· 개찰시작 – 11:40
· 관할지역 – 경상남도(통영시, 거제시, 고성군)
· 주　　소 – 경상남도 통영시 용남면 동달안길 67
· 대표전화 – 055) 640-8500

■ 창원지방법원 밀양지원
· 입찰시작 – 10:00
· 입찰마감 – 11:20
· 개찰시작 – 11:20
· 관할지역 – 경상남도(밀양시, 창녕군)
· 주　　소 – 경상남도 밀양시 밀양대로 1993-20
· 대표전화 – 055) 350-2500

■ 창원지방법원 거창지원
· 입찰시작 – 10:00
· 입찰마감 – 11:30
· 개찰시작 – 11:50
· 관할지역 – 경상남도(거창군, 함양군, 합천군)
· 주　　소 – 경상남도 거창군 거창읍 죽전1길 31
· 대표전화 – 055) 940-7170

■ 광주지방법원
· 입찰시작 – 10:00
· 입찰마감 – 11:10
· 개찰시작 – 11:30
· 관할지역 – 광주광역시, 전라남도(곡성군, 나주시,
　　　　　　담양군, 영광군, 장성군, 화순군)
· 주　　소 – 광주광역시 동구 준법로 7-12(지산2동)
· 대표전화 – 062) 239-1114

■ 광주지방법원 목포지원
· 입찰시작 – 10:00
· 입찰마감 – 12:00
· 개찰시작 – 12:30
· 관할지역 – 전라남도(목포시, 무안군, 신안군, 영암군,
　　　　　　함평군)
· 주　　소 – 전라남도 목포시 정의로 29(옥암동)
· 대표전화 – 061) 270-6600

■ 광주지방법원 장흥지원
· 입찰시작 – 10:00
· 입찰마감 – 11:30
· 개찰시작 – 12:00
· 관할지역 – 전라남도(강진군, 장흥군)
· 주　　소 – 전남 장흥군 장흥읍 읍성로 121-1(남동리)
· 대표전화 – 061) 860-1500

■ 광주지방법원 해남지원
· 입찰시작 – 10:00
· 입찰마감 – 11:30
· 개찰시작 – 12:20
· 관할지역 – 전라남도(완도군, 진도군, 해남군)
· 주　　소 – 전라남도 해남군 해남읍 중앙1로 330
· 대표전화 – 061) 534-9151

■ 광주지방법원 순천지원
· 입찰시작 – 10:00
· 입찰마감 – 11:30
· 개찰시작 – 11:50
· 관할지역 – 전라남도(고흥군, 광양시, 구례군, 보성군,
　　　　　　순천시, 여수시)
· 주　　소 – 전라남도 순천시 왕지로 21(왕지동)
· 대표전화 – 061) 729-5114

■ 전주지방법원
· 입찰시작 – 10:30
· 입찰마감 – 11:30
· 개찰시작 – 12:00
· 관할지역 – 전라북도(전주시, 김제시, 무주군, 완주군,
　　　　　　임실군, 진안군)
· 주　　소 – 전라북도 전주시 덕진구 사평로 25
· 대표전화 – 063) 259-5400

■ 전주지방법원 군산지원
· 입찰시작 – 10:00
· 입찰마감 – 11:40
· 개찰시작 – 12:10
· 관할지역 – 전라북도(군산시, 익산시)
· 주　　소 – 전라북도 군산시 법원로 68(조촌동 880)
· 대표전화 – 063) 450-5000

■ 전주지방법원 정읍지원
· 입찰시작 – 10:00
· 입찰마감 – 11:30
· 개찰시작 – 11:45
· 관할지역 – 전라북도(정읍시, 고창군, 부안군)
· 주　　소 – 전라북도 정읍시 수성6로 29(수성동 990-5)
· 대표전화 – 063) 570-1000

■ **전주지방법원 남원지원**
· 입찰시작 – 10:00
· 입찰마감 – 11:30
· 개찰시작 – 11:45
· 관할지역 – 전라북도(남원시, 순창군, 장수군)
· 주　　소 – 전라북도 남원시 용성로 59(동충동 141)
· 대표전화 – 063) 620-2700

■ **제주지방법원**
· 입찰시작 – 10:00
· 입찰마감 – 12:00
· 개찰시작 – 12:30
· 관할지역 – 제주특별자치도
· 주　　소 – 제주특별자치도 제주시 남광북5길 3
· 대표전화 – 064) 729-2000

본 책의 내용에 대해 의견이나 질문이 있으면
전화(02)3604-565, 이메일 dodreamedia@naver.com을 이용해주십시오.
의견을 적극 수렴하겠습니다.

한 권으로 끝내는 자동차 경매

제1판 1쇄 발행 | 2018년 10월 16일
　　　2쇄 발행 | 2020년　5월 29일

지은이 | 김형무
펴낸이 | 한경준
펴낸곳 | 한국경제신문*i*
기획·제작 | (주)두드림미디어

주소 | 서울특별시 중구 청파로 463
기획출판팀 | 02-333-3577
영업마케팅팀 | 02-3604-595, 583 FAX | 02-3604-599
E-mail | dodreamedia@naver.com
등록 | 제 2-315(1967. 5. 15)

ISBN 978-89-475-4411-5　03320